国家自然科学基金项目
"中国中部地区银行业空间系统演化研究"(No.40671048)资助出版

黄河文明与可持续发展文库

# 银行业空间组织变化
## 及其地方效应

# Spatial Change of Banking Systems and Its Local Effects

彭宝玉 李小建◎著

科学出版社

北 京

**图书在版编目（CIP）数据**

银行业空间组织变化及其地方效应/ 彭宝玉，李小建著 . —北京：科学出版社，2015.9
（黄河文明与可持续发展文库）
ISBN 978 - 7 - 03 - 045803 - 2

Ⅰ. ①银…　Ⅱ. ①彭… ②李…　Ⅲ. ①银行—企业组织—研究—中国—Ⅳ. ①F832.3

中国版本图书馆 CIP 数据核字（2015）第 227254 号

丛书策划：胡升华　侯俊琳
责任编辑：牛 玲　张翠霞/责任校对：李 影
责任印制：徐晓晨/封面设计：无极书装
编辑部电话：010-64035853
E-mail：houjunlin@mail. sciencep. com

科 学 出 版 社 出版
北京东黄城根北街 16 号
邮政编码：100717
http://www.sciencep.com

北京凌奇印刷有限责任公司 印刷
科学出版社发行　各地新华书店经销
*
2016 年 1 月第 一 版　开本：720×1 000 B5
2020 年 1 月第二次印刷　印张：11
字数：208 000
定价：68.00 元
（如有印装质量问题，我社负责调换）

# 丛 书 序

大河流域是人类文明的摇篮。在中华文明发祥、形成、发展、演化和复兴的过程中，黄河文明一直发挥着中流砥柱的作用。尽管什么是文明，学术界还有不同的看法，但文明作为人类社会进步的状态，就不仅体现在诸如文字、技术（如青铜器）、城市、礼仪等组成要素上，而且还体现在由这些要素组成的社会整体-国家的形成与发展上。正如恩格斯在《家庭、私有制和国家的起源》中所指出的："国家是文明社会的概括。"对于黄河文明的认识，无论是对中国古代文明起源持单中心论的学者，还是持多中心论的学者，都无法否认从黄河流域兴起的夏、商、周文明在中国古代文明起源与发展中的支配地位。特别是，随着考古学研究的深入和中华文明探源工程的推进，我国史前文化的地域多样性得到了进一步的确认，黄河文明在我国古代文明进程中的支配地位同样也得到了进一步的确认。由此，我们不禁要问，在灿烂发达、具有多个起源的中国史前文化中，为何只有地处黄河流域的中原地区走向了国家文明的道路，而别的地区却被中断或停滞不前？黄河文明的特质、优势及其对文明连续性发展的影响何在？黄河文明与周边地区的文明是如何互动并融合发展的？在国家文明形成之后，自秦汉至唐宋，黄河文明在中华文明进程中是如何创造一个个高峰的？她对中华文明乃至世界文明究竟产生了哪些重大影响？北宋以来，伴随着国家经济中心和政治中心的地域转移，黄河文明的演化与发展又面临着哪些前所未有的挑战？如果说农耕文明是黄河文明的核心内容，那么，是什么原因造就了这种文明的历史辉煌？又是什么原因造成其发展的路径依赖甚至锁定，以至于形成"高水平均衡陷阱"？

在国际学术界，冷战结束之后，伴随着经济全球化的快速推进，国际政治经济格局和秩序的重构，生态与可持续发展问题的凸显，有关文明冲突、共存，以及文化软实力、文化竞争力的辩论，为地域文明的研究注入了鲜明的时代性及全球化和生态环境两个重要视角。对于黄河文明而言，在全球化时代从传统农耕文明向现代农业文明、现代工业文明和现代城市文明的转型已成为历史的必然。经过一个多世纪的探索，目前黄河文明已经进入全面、快速转型的新时期，但这种转型不仅面临着传统制度和文化的约束，而且还面临着前所未有的资源与生态环境问题的挑战。作为中华文明的典型代表，黄河文明在全球化时代和全面转型时代如何实现可持续发展并实现伟大复兴，仍是我们面临的一个重大的时代性课题。

历史是一面镜子，而现在是联系过去和未来的纽带。对于文明的研究，我们需要回答几个基本问题：我们是谁？我们从哪里来？现在到了哪里？今后走向何方？为了回答黄河文明的这些问题，地处黄河之滨的河南大学以多年对黄河文明研究所形成的厚重历史积淀为基础，整合学校地理、经济、历史、文学（文化）等优势学科，并广泛联合国内外优秀研究力量，于2002年组建了黄河文明与可持续发展研究中心，并于2004年被国家教育部批准为普通高等学校人文社会科学重点研究基地。围绕黄河文明与可持续发展这一核心，中心将历史研究与现实研究有机结合起来，凝练了黄河文明的承转与发展、制度变迁与经济发展、生态与可持续发展三个主攻方向，并以此为基础，提出了创建具有中国特色、中国风格、中国气派的"黄河学"的宏伟目标。

近年来，中心科研人员承担了一批国家自然科学基金、国家社会科学基金、教育部基地重大项目等国家级和省部级课题，取得了丰硕研究成果。为繁荣黄河文明与可持续发展研究，推动"黄河学"建设与发展，河南大学黄河文明与可持续发展研究中心从2011年起编撰"黄河文明与可持续发展丛书"，分批出版中心研究人员在黄河文明与可持续发展研究领域的代表性成果。此套丛书的出版得到了科学出版社的大力支持，在此我代表黄河文明与可持续发展研究中心表示衷心的感谢。

"黄河学"的创建任重而道远，黄河文明复兴的征程伟大又艰巨。研究黄河文明形成、发展、演变的规律，探究黄河文明的精髓和可持续发展的道路，不仅对中华文明、中国道路的研究有重大贡献，而且能为世界不同文明的和谐发展提供知识和智慧源泉。我们期待着中华文明的伟大复兴，我们也期待着以黄河文明与可持续发展研究为核心的"黄河学"能够早日建成并走向世界。

苗长虹

河南大学黄河文明与可持续发展研究中心执行主任

2011年4月9日

# 前　言

　　经济活动的空间组织与空间结构始终是经济地理学、区域经济学的核心研究主题之一。产业在区域的空间组织形式是形成区域空间结构的主导力量，并影响着资源要素的流动方向，进而影响着区域经济发展。金融处于现代经济的核心，全球范围内经济金融化过程的快速推进更强化了金融的主导地位；区域也日益成为经济发展的主体，对金融资源的争夺日益成为区域竞争的重要内容。金融空间组织研究有助于更好地理解金融系统的功能和结构演化，也为揭示区域发展差异的形成和调控区域发展差异提供新的思路。

　　中国的金融业，银行业占据主体地位。金融空间组织诞生于计划经济时代的大一统银行体系，呈现出行政等级制的均衡空间分布特征。改革开放以来，金融制度的变迁不断调整着原来的金融空间组织模式。特别是 20 世纪 90 年代末以来，银行业市场化改革的推进带来银行机构网点大规模关闭和空间布局调整，使我国银行业空间组织呈现出新的演化发展特征。在制度变迁冲击下，银行业空间组织发生了哪些变化，在不同空间尺度上有何表现，对不同地方的发展产生了什么影响，如何有效规避银行业市场化改革对区域发展的负面影响，成为金融业市场化发展背景下需要探讨的理论和现实问题。本书试图对以上问题做出探讨。

　　本书共包括九章。第一章探讨金融地理研究涉及的一些基本概念，以及金融与地理的分离与融合，提出本书的研究思路与框架。第二章综述金融地理学的研究，并从理论渊源与发展、重点领域、研究方法三个方面对比分析了国际金融地理学领域地理学和经济学的研究。第三章以金融地理学、金融学和区域经济学相关研究为基础，从理论上探讨金融空间组织的概念和演化动力、新经济背景下全球金融空间组织特征，并以银行业为例分析金融空间组织变化影响地方经济发展的渠道和作用机制。第四章从制度变迁和银行业空间组织演进两个方面分析我国银行业的发展历程，并将我国银行业空间组织的演进分为三个阶段：计划经济时期全国统一计划空间均衡发展阶段，地方政府干预下的地区分隔阶段和 21 世纪以来的金融市场一体化发展与区域银行业分化发展阶段。第五章以中国大陆一级行政区为地域单元，运用地图分析技术和一些统计指标对 20 世纪 90 年代以来中国银行业空间组织的变化进行实证分析。第六章以河南为例，从不同银行机构网点的空间分布和存贷款地理变化两个方面分析 20 世纪 90 年代以来县域尺度上银行业空间组织的变化。第七章分析银行业空间组织变化对不同区域金融发展的影响。以河南省 126 个县市为截面单元，采用面板数据分析技术，分析区域金融发展与区域经济增长的关系。第八章基于泰尔指数和 GIS 地图分析技术，对比分析了河南区域经济和区域金融空间结构的变化，结果发现金融业的空间集聚度远大于一般产业，在强大的金融集聚经济作用下，区域经济发展与区域金融发展表现出显著差异。第九章总结金融业市场化改革后，我国银行业空间组织的变化特征，并指出进一步研究需要探讨的问题。

由于水平所限，书中难免存在不足之处，敬请广大读者批评指正。

作　者
2015 年 8 月

# 目　　录

# 第一章 金融与地理

很久以来金融与地理是两个互不相干的领域，后来基于金融业的快速发展和经济金融化趋势及一些开拓性研究，金融和地理才走在一起。金融概念的复杂性和地理、空间概念的演化性为金融地理研究设置了不太容易跨越的进入门槛。"很难想象经济地理学如果没有对金融领域的基本了解如何能进行研究。"（瑞斯托·劳拉詹南，2001）本章首先分析金融和地理的相关概念，在此基础上，讨论金融与地理的分离和融合，并介绍本书的研究背景与研究设计。

## 第一节 金融相关概念

### 一、货币与金融

货币是商品交换发展到一定阶段的自发产物，主要职能是固定地充当一般等价物。历史上不同地区曾用过不同商品充当货币，如使用贝壳、羽毛、盐等，后来货币商品逐渐过渡为金银等贵金属。随着商品生产的发展和交换的扩大，商品货币（金银）的供应不能满足需求，逐渐出现了代用货币、信用货币，以弥补流通手段的不足。进入 20 世纪后，金银慢慢地退出货币舞台，不兑现纸币和银行支票成为各国主要的流通和支付手段。自最初的实物货币、代用货币到目前广为使用的信用货币、电子货币、纸币等，货币的形式随着社会经济的不断发展而演化。在现代经济领域，以现金为支付手段的应用场景越来越少，而以电子化手段完成支付的应用场景越来越多，所占比例也越来越大。未来的支付形态将是一个非银时代，即摆脱繁琐的现金支付，以简单、便捷、安全的线上电子支付或者是近程移动电子设备支付为主要手段。从本质上讲，货币是一种信用。因为只有大家都愿意接受它，它才能成为一般等价物，才具有流通手段和价值尺度职能。货币的出现对贸易和商业化的发展是革命性的创新。

作为交易媒介、储藏价值和记账单位的一种工具，货币也是人们商品价值观的物质附属物和符号附属物，从而处于金融的核心。"货币，是我们这个时代最大的神，所以完全值得对它进行分析，但货币又不是那么容易叙述，它具有多面性。"（Leyshon and Thrift，1997）货币首先是一种经济学，其在经济中执行多种职能，如价值尺度、流通手段、贮藏手段、支付手段、世界货币等。由于货币所承担的这些重要职能，常被形容为资本的中枢神经系统，从而成为古典经济学家关注金融问题的主要方面。在现实经济中，大多数经济学家认为应根据金融资产的流动性定义货币，但究竟流动性多大才算货币，多少不算货币，经济学家则有不同观点（胡庆康，2006）。国际货币基金组织将货币划分为三个层次：$M_0$（现钞），$M_1$（狭义货币），$M_2$（广义货币，为 $M_1$＋准货币）。我国也将货币划分为这三个层次。其次，货币是一种社会学，马克思主义观点认为货币体现着一定的社会关系，在这种社会关系里理性的计算混合着对货币所蕴含权力的半迷信般崇拜（Banker and Jimerson，1992）。再次，货币是一种人类学，具有多种含义，货币形式深受文化影响，并深深地影响着文化（Zelizer，1989，1994）。最后，货币是一种地理，一种难懂的地理（Leyshon and Thrift，1997）。它无处不在又不位于特定地方（Harvey，1989）。每一种货币形式有其自己的地理，自原始货币、商品货币、会计货币到国家信用货币、虚拟货币，一种货币形式转向另一种货币形式具有重要的地理意义，是一种权力和社会关系的空间安排代替另一种权力和社会关系的空间安排。

金融是现代经济的核心。在现代市场经济中，金融活动与经济运行关系密切，金融活动的范围、质量直接影响到经济活动的绩效。具体来说，金融包括货币的发行、流通和回笼，贷款的发放和收回，存款的存入和提取，汇兑的往来等诸多经济活动。一个最一般、最普通的定义认为金融即货币资金的融通。这是一般货币银行学教科书中的标准概念，是在金融发展的早期，金融功能层次较少，较简单的情况下，从借贷媒介这一功能角度来理解金融。广义的观点认为金融是货币流通和信用活动以及与之相关的经济活动的总称（黄达，2001）。这一定义超越了"货币资金融通"的狭义内涵，从现象描述的角度涵盖了金融的全部，泛指一切与信用货币的发行、保管、兑换、结算、融通有关的经济活动。兹维·博迪和罗伯特·莫顿（2000）则认为，"金融是在不确定环境中对资源的时间配置"。这一定义强调金融跨时间配置资源的功能，并强调是在不确定状态下进行决策。金融本质即跨时间的价值交换，所有涉及价值或收入在不同时间之间配置的交易都可称之为金融交易。例如，借贷交易是最纯粹的跨时间价值交换。自银行借钱，在未来某个时间以约定价格偿还，对个人来说是"透支未来"，用未来的资金解决现在之需；对银行来说是把现在的钱借出去，未来再拥有。金融学就是研究跨时间的价值交换为什么会出现、如何发生、怎样发展等。其实金融的跨时间配置资源功能暗含着跨空间的资源配置，即自空间分散的储蓄者汇聚资金，再将这些资金从一个地方转移到另一个地方，这本身就是一个地理问题，但长期以来关于金融现象空间维度及其对经济增长的影响被忽视，关于金融现象时间维度的研究成为主流。

## 二、金融系统

传统金融主要是货币资金的流通，而现代金融则包含着经营活动的资本化过程。现代金融的发展已使金融远远超越一个简单的行业性、中介性、服务组织的观念，而成为一个典型的复杂巨系统（沈军和白钦先，2006）。依据兹维·博迪和罗伯特·莫顿的定义，金融系统是市场及其他用于订立金融合约和交换资产及风险的机构的集合，包括股票、债权和其他金融工具的市场，金融中介（如银行和保险公司），金融服务公司（如金融咨询公司），以及监控管理这些单位的管理机构（兹维·博迪和罗伯特·莫顿，2000）。一般依据金融中介（主要是指银行）和金融市场在金融系统中所发挥的不同作用可以将金融系统区分为银行主导型和市场主导型。

金融中介，也常称为金融机构、金融中介机构（黄达，2001），指那些主要业务是提供金融服务和产品的企业，包括银行、证券公司和保险公司，它们的产品包括支票账户、商业贷款、抵押、共同基金、保险合约等（兹维·博迪和罗伯特·莫顿，2000）。金融中介可分为银行金融中介及非银行金融中介，具体包括商业银行、证券公司、保险公司及信息咨询服务机构等中介机构。根据中国银行业监督管理委员会《银行业监管统计管理暂行办法》的规定，银行业金融机构是指在中华人民共和国境内设立的商业银行、城市信用社、农村信用社等吸收公众存款的金融机构及政策性银行。具体包括四类：①国有商业银行；②股份制商业银行；③城市商业银行；④其他银行机构，包括政策性银行、外资银行、城市信用社、农村信用社、企业集团内部的金融公司、信托投资公司、金融租赁公司、金融资产管理公司和邮政储蓄银行等[①]。截至2011年年底，我国银行业金融机构包括2家政策性银行及国家开发银行，5家大型商业银行，12家股份制商业银行，144家城市商业银行，212家农村商业银行，190家农村合作银行，2265家农村信用社，1家邮政储蓄银行，4家金融资产管理公司，40家外资法人金融机构，66家信托公司，127家企业集团财务公司，18家金融租赁公司，4家货币经纪公司，14家汽车金融公司，4家消费金融公司，635家村镇银行，10家贷款公司，以及46家农村资金互助社。我国银行业金融机构共有法人机构3800家，从业人员319.8万人。这些金融机构位于具体的地方，提供各种金融服务，完成各种金融交易。

金融市场是由许多不同的市场组成的一个庞大体系，根据金融市场上交易工具的期限，把金融市场分为货币市场和资本市场两大类。货币市场是融通短期

---

① 参见：2009中国行业年度报告系列之银行。

（一年以内）资金的市场，资本市场是融通长期（一年以上）资金的市场。货币市场和资本市场又可以进一步分为若干不同的子市场，如金融同业拆借市场、回购协议市场、商业票据市场、银行承兑汇票市场、短期政府债券市场、大面额可转让存单市场等。资本市场包括中长期信贷市场和证券市场。中长期信贷市场是金融机构与工商企业之间的贷款市场；证券市场是通过证券的发行与交易进行融资的市场，包括债券市场、股票市场、基金市场、保险市场、融资租赁市场等。这些市场一些位居特定的地理位置，而一些如股票、证券和外汇的场外市场则没有特定地点，只有连接证券商和客户的计算机和远程通信系统。

金融系统的主要作用是通过金融市场与金融中介将资金从盈余方转入到需求方。具体来说，金融系统执行着六项基本核心职能（兹维·博迪和罗伯特·莫顿，2000）：①为经济资源跨时间、跨地区、在行业之间转移提供途径；②提供管理风险的方法；③提供清算和支付结算的途径，以完成商品、服务和资产的交易；④为储备资源和在不同企业中分割所有权提供有关机制；⑤提供价格信息，帮助协调不同经济部门的决策；⑥当交易中的一方拥有另一方没有的信息，或一方为另一方的代理人时，提供解决激励问题的方法。列文（Levine）则认为，金融系统的功能包括五个方面：①便利风险的交易，规避和分散风险，提高流动性；②提供关于投资和资源方面的信息；③监督经理人并增强公司治理；④动员储蓄；⑤方便交易。这五项功能通过资本积累、投资效率、技术创新三个渠道影响经济增长（Levine，1997）。

高效的、具有良好功能的金融系统可使资金流向最具生产性的部门，并将风险分摊到最适合承担的主体，由此推动经济增长，增加发展机会，改善收入分配和减少贫困。然而现实经济生活中由于金融服务可得性的限制，金融发展的好处并不能惠及很多个体和企业，导致持续的收入不平等，经济增长减缓（The World Bank，2008，2014）。

# 三、金融业

金融既是一种制度，也是一种产业，在某种意义上甚至可以说更重要的是一种产业。当金融是一种制度时，金融机构就成为社会资金的管理机构；当金融作为一种产业时，金融机构就成为提供资金融通服务的公司或企业（王朝阳，2013）。作为一个产业金融业常被界定为经营货币与信用的行业，一般认为包括银行业、保险业、信托业、证券业和租赁业。但在实际中，对于金融业具体包括哪些部门，国内外并没有统一定义。美国 1999 年通过的《金融服务现代化法》，规定金融服务包括：银行、证券公司、保险公司、储蓄协会、住宅贷款协会，以及经纪人等中介服务。联合国统计署定义的金融及相关服务统计口径，粗略地说包括：金融中介服务（包括中央银行服务、存贷业务和银行中介业务服务），投资银行服务，非强制性的保险和养老基金服务、再保险服务，房地产、租赁等服务，以及为以上各项服务的种种金融中介服务（黄达，2001）。按照我国的产业分类，金融业属于第三产业的一个子类，包括银行业、保险业、证券业和其他金融活动。其中银行业按照我国《国民经济行业分类（GB/T4754—2002）》的规定，又分为中央银行、商业银行和其他银行等三个子行业（表1-1）。银行业处于金融系统的核心，它提供了润滑经济活动的支付手段和非银行金融机构的储备（Dow，1999）。

**表 1-1 中国银行业的行业分类**

| 代码 | | 行业分类 | 机构 | 定义 |
|---|---|---|---|---|
| 68 | 681 | 银行业 中央银行 | 中国人民银行总行 | 指代表政府管理金融活动，并制定和执行货币政策的特殊金融机构的活动 |
| | | | 中国人民银行各级分支机构 | |
| | 682 | 商业银行 | 国有独资商业银行 | 指国有独资商业银行、股份制银行、城市商业银行、城市信用社、农村信用社等活动，但不包括银行金融资产的管理活动（列入投资与资产管理） |
| | | | 国有独资商业银行分支机构 | |
| | | | 股份制商业银行及分支机构 | |
| | | | 城市商业银行及分支机构 | |
| | | | 农业商业银行及分支机构 | |
| | | | 农村信用社及分支机构 | |
| | | | 国外银行在我国境内开办的金融机构 | |
| | 689 | 其他银行 | 国家政策性银行 | 指政策性银行的金融活动 |
| | | | 国家政策性银行驻各地金融机构 | |

金融业是一种特殊的产业，除提供就业和价值创造之外，它还具有价值流通媒介、资源配置、经济调节、信息传递等功能，具有渗透性、战略性、垄断性、虚拟性、脆弱性、基础性等特征。许多国家都将金融发展作为促进经济增长的关键因素，并将金融改革作为经济市场化的核心步骤，将金融安全作为维持社会稳定和政权合法性的根本保障。由于金融业的此种特殊性，多年以来对于金融的研究多从制度角度，关注货币、银行、金融市场在宏观经济中的作用，而忽略其服务和产业特性（王朝阳，2013）。尽管金融中介机构从事相关金融服务已经有相当长的历史，但在西方词典上，"金融服务"（financial service）还是一个新近出现的词条，1979年由Harry Freeman在《美国运通》（*American Express*）杂志上首先创造（约瑟夫·迪万纳，2005）。在国内，2001年4月，中国人民银行召开了一次别开生面的"金融服务工作会议"，首次把"金融服务"作为一个制度性的概念摆在金融业面前，并突出强调加快金融服务工作的改革和发展，开创金融工作的新局面。随后的评论认为，中国人民银行把"金融服务"提上了金融制

度建设的日程，是中国金融和现代经济现代化进程中的重大举措（《金融会计》编辑部，2001）。对金融业服务特性的认识与社会经济的服务化趋势密切相关。20 世纪 80 年代以来，伴随着全球产业结构由"工业型经济"向"服务型经济"转变，以金融保险为核心的生产性服务业快速发展，逐步成为大城市发展的主要特征和经济发展的助推器，也成为衡量一个区域综合竞争力和经济现代化的重要标志之一。

相对于金融概念的高度抽象性来说，金融服务业的概念则具体得多，可认为其是由各种各样金融机构构成的一个生产性服务业部门。而对产业的空间布局、区域差异、空间过程（集聚、分散）的分析是经济地理学和区域经济学的核心研究内容之一。伴随着经济的金融化发展和金融业在现代国民经济体系中地位的不断上升，对金融服务业进行空间布局、区域差异、空间过程（集聚、分散）的分析也应是经济地理学和区域经济学的重要研究内容。一方面，可从现代产业分析角度，研究金融业在国民经济或区域中的地位及其区域差异，如金融业提供的就业量在全社会就业总量中的比例、金融业所提供的产值在国民经济总量或区域经济总量中的比重；另一方面，也可从服务业地理角度研究金融地理，如金融空间组织、金融机构区位、金融活动的空间集聚和空间扩散等。但相比其他第三产业，金融业不仅包括各种有形的金融机构以及其复杂的网络，还包括各种无形的流动内容，如快速的资金流动、各种金融工具、各类金融市场、复杂的金融交易网络等。仅从产业角度进行金融地理研究不容易涉及这些方面，金融系统概念以其全方位的包容性，涵盖了金融现象的各个方面，为对各种金融现象进行地理研究提供了丰富的对象。

## 第二节　地理相关概念

### 一、地理

何为地理，《现代汉语词典》第六版解释如下：①全世界或一地区的山川、气候等自然环境及物产、交通、居民点等社会经济因素的总的情况，如自然地理、经济地理；②地理学，为研究人类生活的地理环境，以及人类生活与地理环境关系的学科。由此地理可做两种理解，一种即我们平时所观察到的一种现象，或者一种现象发生的背景或基底，另一种可理解为一门学科。

作为一门学科，地理学具有三个基本特点，强调区位、生态学观念（重点是现象之间、特定区域自然环境各要素之间、占据或改变区域的人类群体之间的相互关系）、区域分析（一些地理学家认为，区域构建过程是地理学研究的核心）

（约翰斯顿，2001）。

作为一种现象或现象发生的背景或基底，地理的含义非常宽泛，可指自然地理环境，也可指社会人文环境。综合当代人文社会科学的研究，可从两个方面来探讨地理这方面的含义。一是用来表示事件发生的场所或事件发生的环境，这个意义上的内涵可用地方、场所或地方氛围表示；二是用来表示由社会相互作用形成的地理结构，这个意义上的内涵可用空间或空间组织表示。当地理学作为一门独立学科在19世纪传播开以来，其就具有关于空间和地方这双重兴趣中心（约翰斯顿，2001）。地理环境是多元的、活跃的、跳跃的和多旋律的，不同学者在使用"地理"一词时往往有不同的指代，有时指空间关系，有时指地方特质。

## 二、空间

研究地表事物的空间差异及其分布一直是地理学的核心主题。惠特西尔认为空间是"地理学家的基本组织概念"，并被认为是现代地理学中一个"被人承认的研究传统"（约翰斯顿，2001）。而空间又是复杂的，不同的学者从不同的角度对空间进行了区分。

布鲁特认为空间包括绝对空间和相对空间（Blaut，1961）。绝对空间指自古以来存在的物质和自然环境，相对空间指事物之间或事物的不同方面之间的间距关系；前者是"一个清晰、自然、显得是真实或经验的实体"，后者"只是事件间的一种关系，或事件之间的一个方面，并受时间和过程制约"。这种区分对发展空间组织的一般理论具有十分重要的意义。恩斯特·卡西尔（2003）认为，空间概念的形成与人类的生物进化过程同步，从分析人类文化的各种形式入手，其将空间概念由低到高分为三种类型：第一是有机体的空间，第二是知觉空间，第三是抽象空间。抽象空间是超越具体感性，在人的纯粹思维中建构的普遍性几何学空间概念，从知觉空间到抽象（几何学）空间是人类发展的关键一步。抽象空间概念的建立，为人类开辟了通向新知识的道路，开辟了构建新生活的方向，如获得世界的总体化概念、获得事物的定位依据、获得生存空间的动态概念（祝文燕，2007）。卡斯特尔斯（Castells，1996）提出流的空间和场所空间，并认为流的空间由三层构成：第一层由电子脉冲回路构成（微电子、远程通信、计算机、广播系统等），它促使一种无场所的非地域化和自由型社会；第二层由节点和枢纽构成，促使网络连接具有明确的社会、文化、物质和功能特征的具体场所；第三层指主导的管理精英的空间组织，它促使了一种非对称的组织化社会。阿帕杜拉（Appadurai，1996）在流空间的框架下提出了技术景观、金融景观、民族景观、媒体景观、意识形态景观五个主要流的空间类型，诺克斯则增加了第六种景观——商品景观（甄峰，2004），见表1-2。

表 1-2　六种流的空间类型

| 名称 | 产生 |
|------|------|
| 技术景观 | 通过由跨国公司、超国家组织和政府代理所发出的技术、软件及其流动产生 |
| 金融景观 | 由快速的资本、现金及有价证券所产生，不仅通过电信港和服务工人的集中，而且通过快速变化的投资和收回投资的地理分布使其可见 |
| 民族景观 | 通过商业人员、访问型人员、旅游者、难民等所产生 |
| 媒体景观 | 通过打印、电视和电影的映像和信息流产生 |
| 意识形态景观 | 通过意识形态建构的扩散产生，大多数得益于西方世界的观点，如民主、君主、公民及福利权 |
| 商品景观 | 由高价消费者产品和服务的流动所产生 |

资料来源：甄峰（2004）

　　空间是社会经济的表达，伴随着信息化、全球化、网络化迅猛发展所带来的社会结构转型，新的空间形态和过程不断出现，人们对空间的认识不断丰富。各种社会群体间的间距关系（或者事物之间或事物的不同方面之间的间距关系）不断在激烈的社会、经济、政治斗争中重构，使抽象空间、相对空间和流的空间逐步成为理解全球网络化进程中人类实践活动的巨大变化，以及这种变化对于人的生存和发展意义的概念工具，如列斐伏尔的空间生产理论、福柯作为统治技术的空间理论和戴维·哈维的流动与时空压缩理论（汪民安，2006）。地理学的许多未来研究都将集中于那些诸如网络和流动的抽象概念上（Thrift and Olds，1996）。在金融世界里，伴随经济金融化、金融全球化、放松管制和信息技术的快速发展，高度流动的、无家的金融资产日益漫游于无边界的市场，寻找投资机会，形成各种金融流的空间和复杂的交易网络。复杂的交易网络和流动空间的不断变化，不时将一些地方卷入，将一些地方抛弃，不断重构社会群体间和不同区域间的关系，并深深影响着不同地方和社区的发展。这使得传统的领土主义、民族国家和自然边界概念的有效性不断降低，需要一种新的、非领土化的地理概念和抽象空间概念来理解当代金融系统的变化。借助卡斯特尔斯的流的空间概念，本杰明·科恩（2004）提出了一种以流动为基础，使用网络空间思想探讨货币空间的模式，这一模式建立在对物质空间概念和功能空间概念清晰区分的基础上，并认为在新的国际经济背景下货币空间日益由各种社会空间，以及每一种货币的有效使用和威信界定，以交易和关系网络为基础，而不是由政治疆界界定。以此研究模式为基础，本杰明·科恩提出了货币金字塔理论，依据竞争关系和势力范围将货币划分为顶级货币、高贵货币、杰出货币、普通货币、被渗透货币、准货币和伪货币七个等级。

# 三、地方

　　地方由人或物占据的部分地理空间，是包含着各种社会关系和具有异质性的部分地理空间（约翰斯顿，2005）。地方概念本身就意味着异质性，而且这种异质性或地方特质往往会形成地方发展中的路径依赖。阿格纽（Agnew，1987）区分了地方的三个主要元素：社会关系构成的环境（可以是非正式的抑或组织化的）；区位，包含社会相互作用环境的地理区域，这种相互作用由更大尺度下运行的社会和经济进程确定；地方感，即地方的"感觉结构"。马西将地方规定为在一般过程的背景中表现特性。历史地理学者普雷德（Pred，1984）把地方看作结构化过程的组成部分，既由社会实践构成，反过来又构成社会实践活动。与地方概念密切相关的名词有"地方特质""场所""社会资本""制度氛围""黏性空间"等，虽然并不是完全相同的概念，但都包含社会相互作用的场地或环境的内涵，均强调了地方特殊的制度（文化）氛围的重要性。

抽象空间和地方的斗争构成现代社会的矛盾之一。就金融世界来说，一方面是流的空间（space of flows）的出现，高度流动的、无家的资本日益漫游于无边界的世界，寻找投资机会，地方不断受到各种金融流的冲击，失却它的完整性和同质性，地域不再重要，民族国家退却，自地方到全球，金融危机越来越频繁；另一方面，地方又总是试图获得自身的一个相对完整的定义，力图维持自己的框架范畴，积极地创造具有空间特质的地方，以应对流的空间的冲击。这也成为地方、城市、地区和国家在金融竞争方面的重要策略。国际金融中心的社会文化建构（Thrift，1994）、地方金融发展的社会文化背景（Li et al.，2002），以及地方货币系统的出现（Aldridge et al.，2001；Williams et al.，2001；Lee et al.，2004）充分说明，在金融全球化、一体化迅猛发展的同时，地方也在不断重构自身的异质性，以抗衡金融流的空间的冲击。例如，卡斯特尔斯（Castells，1996，1997）强调，当代资本主义网络社会，是流的空间占主导而不是地方空间，这将导致新的政治模式、新的个体和空间的联系形式。传统地理方法很难为当今世界上非领土化的货币空间概念提供任何指导，因为流动空间将取代位置空间（本杰明·科恩，2004）。金融领域，新的空间组织与空间形态将不断出现，关于这些新的空间组织与形态对区域发展的影响还需深入探讨。

# 第三节　金融与地理：分离与融合

## 一、金融与地理的分离

金融与地理在很长时期内，是两个毫不相干的范畴，各归属于不同学科领域处于互相分离状态。

经济学领域，起源于货币中性还是非中性的争论。货币是中性还是非中性，就是看货币供给量的变化对一般价格水平、实际利率及产出水平的影响差异。如果货币供给变化只是影响一般价格水平,一定量的货币供应增加(减少)只引起一般价格水平的上升(下降),那么货币就是中性的;如果货币供应量的变化,引起实际利率和产出水平等实际经济变量的调整和改变,那么货币是非中性的。古典学派和新古典学派的经济学家都认为货币供给量的变化只影响一般价格水平,不影响实际产出水平,因而货币是中性的(周豪,2005)。货币是中性的,对经济都不发生任何实质性的影响,只是罩在实物经济上的一层面纱,就更没有空间、地理问题。受此主流观点的影响,区域经济学的研究通常假定货币和金融是中性的,并且区域间资本具有完全流动性(Richardson,1973)。由于区域间资本要素是完全、自由流动的,区域间金融资产流动的差异只是反映了区域真实经济条件的差异,而不是区域差异扩大的原因,因此货币金融对区域的长期发展没有实质性影响。虽有学者认识到货币对国家收入、就业有影响,但也认为由于区域经济体的开放特征和缺乏区域货币工具,区域经济学不需要考虑货币影响(Richardson,1973)。因此传统的区域收入决定模型,如新古典模型、累积因果模型、I-O模型和多部门模型,都没有包括货币变量(Dow and Rodríguez-Fuentes,1997)。之后虽然越来越多的研究证明金融发展对经济增长的重要作用,但在区域经济学领域,金融货币因素对区域发展中的影响依然没有得到重视。尽管也有一些关于货币和金融市场在区域发展中作用的研究,但多数来自宏观货币经济学领域,是将国家层面上关于货币金融的研究在区域层面上的扩展,很少来自区域经济学领域(Dow and Rodríguez-Fuentes,1997;Dow,1999)。区域层面上,对区域金融发展与区域经济增长关系的研究,大多直接将宏观金融发展理论对金融发展与经济增长关系的研究应用于区域分析,从未考虑区域边界、流动障碍和区域特性。20世纪60年代出现的金融发展理论,虽以金融系统的结构功能演化及其与经济发展关系的研究为主,但也从未关注过金融系统空间结构、空间演化及其对经济发展的影响。

地理学领域,大部分地理学家感兴趣的是实体事物,而货币,在现代意义上是非实体性的。由于非实体性、可兑换性和追逐利润的流动本性,货币、金融很容易穿越空间使距离摩擦消失或边缘化。当距离摩擦消失时,地理学也就丧失了它的大部分基础,这就暗含这一个假设,即"金融景观是同质的"(瑞斯托·劳拉詹南,1999)。所以早期多数地理学家接受"金融景观的同质性"假设,因为没有距离摩擦,没有差异,所以也就没有必要研究货币、金融。20世纪90年代以来基于放松管制、全球化和信息技术的快速发展及其在金融业的广泛应用,一些学者又进一步发展了此观点,提出"地理终结"(O'Brien,1992)、"距离已死"（Cairncross，1997），认为区位、距离对金融业不再重要。高速流动的资本与全球金融市场一体化所带来的金融空间非根植性，货币资本权力的扩张所形成的空间社会关系的同质化及最佳金融实践采用形成的金融制度趋同，都在否认地理对于金融系统的重要性（Corbridge，1992，1993；Strange，1997；Budd，1999；Warf，1999）。

## 二、金融与地理的融合

20世纪后期伴随着资本主义由福特主义-凯恩斯主义体系向后福特主义-后凯恩斯主义的转型，信息和金融服务得以爆炸式增长。弹性积累体系与福特主义相比更加依赖金融资本的协调力量（Harvey，1989）。经济全球化和信息技术进步，使金融业从工业时代初期的手工化、分业化、小型化向着数字化、混业化、超大型化的方向发展，呈现出前所未有的激烈竞争。在金融全球化迅速发展背景下，为争取在国际金融舞台上发挥更大作用以及迫于国内金融周期的压力，多数西方国家进一步放松对国内金融市场的管制。例如，美国1983年起取消利率管制，1982年的《加恩-圣杰曼存款机构法案》和1985年的最高法院关于地区性银行的判决开启了金融机构涉足其他领域的禁封。英国1986年进行了大爆炸式金融改革，不仅取消了股票和债券交易的固定费率制度，而且引进了新的证券交易方式、取消了经纪商（broker）与特殊交易商（jobber）的区别；此外，伦敦证券交易所还允许国外公司100%拥有其会员的股权。

在新的放松管制、全球化、技术创新背景下，20世纪80年代以来国际金融系统发生巨大变化，出现了许多新的发展趋势。Grais和Kantur（2003）将其总结为四种趋势——非中介化、机构适应（institutions adaptation）、现代化和全球化；三种驱动力——自由化、技术和市场创新（图1-1）。金融系统的新变化引发前所未有的研究热潮，很多新的词汇出现，如"变化的金融景观"（Harris and Pigott，1997；Grais and Kantur，2003）、"新的金融景观"（Martin，1999；Lown et al.，2000）、"养老基金资本主义"（pension fund capitalism）（Clark，2000）等。全球金融系统呈现复杂的集聚与扩散、包容与排斥、空间趋同与地理多样性并存趋势。重构、不稳定成为放松管制、全球化、技术进步背景下，全球金融变化的主旋律。国际金融业快速增长，使金融驱动的经济增长模式日益占据主导，货币、金融在社会、经济变化过程中的作用引起社会科学的广泛关注，越来越多的文献开始关注货币权力和货币权力在众多地理尺度上对社会、经济生活行为的影响。

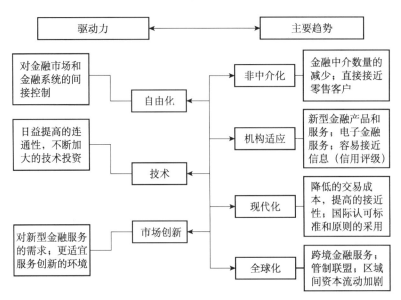

图 1-1　世界金融景观的主要驱动力和趋势

资料来源：Grais 和 Kantur（2003）

　　地理学领域，地理学家日益认识到要理解经济景观的形成，金融和货币在理论和经验上的重要性。Harvey 在其不平衡发展的演化马克思主义理论和危机倾向的资本主义空间经济理论中始终把金融放在中心地位（Harvey，1982，1989）。以英国为例，20 世纪 80 年代其金融服务业经历前所未有的扩张和增长，20 世纪 90 年代早期为应对金融市场份额的下降和日益严重的金融债务（indebtedness）问题，金融服务公司开始了缩减过程，大规模撤并机构网点。金融运行和金融市场的空间重构，对撤出地区的经济发展产生重要影响，引发学者们对金融排斥地理的研究（Leyshon and Thrift，1997）。在众多不同的地理尺度，货币世界建构着地理和由地理建构，以此为基础 Leyshon 和 Thrift（1997）研究了不同货币演化形式的地理特征，如原始货币地理、商品货币地理、会计货币地理、国家信用货币地理、虚拟货币地理。Martin（1999）将金融系统的地理结构总结为四种：机构的地方结构、制度地理、管制空间和国家公共金融空间。这四种地理相互关联并影响货币的空间流动，从而影响区域经济发展。Clark（2002）分析了金融生产地理和金融交易地理，"看来金融交易越来越不再集中于某个市场，因为电子通信交易系统逐步替代交易场地和商业中心。但这并不意味着金融产品也将在虚拟空间生产，也不意味着虚拟市场将克服不同管辖区在管制文化、管制工具、会计标准方面存在的巨大差异"。李小建（2006）分析了金融机构的地理和外部影响的金融地理。

　　主流经济学领域，新凯恩斯主义和后凯恩斯主义理论开始探讨货币和金融系统对区域发展影响的非中性。新凯恩斯主义的研究主要集中于六个方面（Crocco et al.，2010）：第一，区域金融市场是否存在；第二，市场失灵，如非对称信息、规模敏感型交易和信息成本如何影响金融系统的信用分配效率，从而影响区域经济发展；第三，不同类型银行的区域分布是否可以解释区域经济增长；第四，地方或区域经济条件是否影响地方或区域银行绩效；第五，地理多样性如何影响银行绩效；第六，分支机构和总部的距离、借款者和贷款者之间的距离如何影响信用分配和可得性。后凯恩斯主义的研究主要关注区域信用市场供给和需求相互作用及如何受流动性偏好影响。自高流动性偏好出发，银行会不愿意借款给那些经济前景悲观的区域，而公众和企业的流动性偏好大时，更愿意持有净资产和减少信用需求。这一过程与缪尔达尔的循环累积因果论结合起来，边缘区域公众的高流动性偏好使得他们更愿持有活期存款而不是长期存款（这将迫使银行缩减对该区域的贷款），对中心区域证券和金融市场的需求优惠鼓励资本市场和金融活动、金融机构和金融功能向中心的集聚，这反过来不利于边缘区域吸引银行机构。这样一个相互作用过程会加剧区域差异，形成空间分割，将金融系统的空间中心化转变成核心-边缘结构（Chick and Dow，1988；Dow，1994，1999）。

随着诸多研究不断发现金融系统复杂的、不断变化的地理结构，金融与地理逐步走在一起。货币与金融机构的地理已日益成为各国经济组织结构的明显组成部分，形成了力量巨大无比、覆盖全球的金融网络（安德鲁·莱申和奈杰尔·思里夫特，1998）。一方面货币和金融业已成为揭示空间经济的主要切入点之一（李小建，2006），另一方面地理正成为理解金融系统演化的关键要素。金融地理的研究也得到了前所未有的关注，并迅速形成一门新兴学科——金融地理学（Leyshon，1995，1997，1998；Martin，1999；Clark，2005；Clark and Wójcik，2007；李小建，2006）。

# 第四节　中国金融业市场化改革

中国金融业以银行业为主。改革开放以来，我国金融系统经历巨大的制度变迁，特别是 20 世纪 90 年代后期基于国际竞争压力和中国经济发展的实际需要，中国开始实质性地推进国有商业银行的市场化改革。大规模地撤并银行机构网点，上收信贷管理权限，并取消了自新中国成立以来就实行的信贷规模管理制度，使金融机构的区位选择行为和信用分配模式发生了巨大变化，金融资源流动性增强，导致银行业空间组织变化较大，并产生一系列区域发展问题。

（1）经济不发达的贫困地区（特别是县以下地区）出现"金融真空"。1998～2001 年，中国银行机构总数由 1997 年年底的 15 251 家下降到 2001 年末的 12 529 家，减少了 2 722 家，下降了 17.8%；1998 年以来，中国银行还采取撤销、降格等方式共撤并县支行 246 家，县支行总数比 1997 年末减少 22%。中国建设银行共减少县支行 3601 个；1998～1999 年，建设银行累计净减少营业网点 4000 多个，经营向大城市转移的战略初步完成。中国工商银行撤销了 8700 个机构[①]。中国农业银行撤销的网点数量最多，1995 年最多时有 6.71 万家网点，2005 年仅余下 2.82 万家（数据来自《中国金融年鉴》）。国有商业银行自具以下区域和经济欠发达区撤出，造成了一些地区的金融真空和服务不足。

（2）区域间资金不平衡流动加剧，信贷资金出现从农村流向城市，从经济落后地区流向经济发达地区的现象（杨国中和李木祥，2004；伍艳，2006），加剧区域发展差距。

（3）银行惜贷和中小企业融资难。国有商业银行出于风险管理、制度规章、规模效益等考虑，纷纷将贷款营销重点转向大城市、大项目、大企业，信贷投放特别是新增贷款投入大部分用于支持大中城市的大中型企业和重点建设项目。在一些中小城市，一些基础性建设项目，如交通、能源、通信、市政建设等行业以及少数优质企业成为各家商业银行支持的重点和相互竞争的客户资源，而中小企业获得贷款则面临繁杂、近乎苛刻的程序规则和信贷条件，几乎是高不可及。

（4）区域金融系统开始分化，对区域经济发展的贡献也存在较大差别。一些区域的地方性银行还没走出经营困境，另一些区域的地方性银行则实施跨区域经营，开始了版图扩张[②]。外资银行和民营股份制银行进入区位的选择性，又加剧了不同区域金融系统的分化。区域金融系统的分化使不同区域的银行业对区域发展的支持力度存在较大差别。

（5）对金融资源的争夺成为区域竞争的重要内容之一。金融在现代经济发展的核心地位和金融对经济增长的促进作用带来国家和区域对金融发展的普遍重视。目前我国大陆 31 个省（自治区、直辖市），累积已有 30 多个城市提出要建立金融中心，包括国际性金融中心和区域性金融中心，纷纷谋求占据金融地理的制高点（蔡律，2008；刘洋波，2011）。金融机构的趋富性质使其在面对激烈的竞争时，为了降低风险、成本，总是不断抛弃落后、欠发达的区域、社区和低收入人群，不断制造新的金融排斥。而自金融机构的某种垄断性、金融对实体经济的服务性质和金融系统的稳健运行出发，又需要提高金融包容度。一个包容的金融体系可以方便生产资源高效配置，降低资本成本，将风险分摊到最适合承担的主体，由此推动经济增长，增加发展机会，改善收入分配和减少贫困（The World Bank，2008），增加金融稳定，减缓金融危机对地方的冲击等（Hannig and Jansen，2010）。2006 年诺贝尔和平奖得主、孟加拉乡村银行总裁尤纳斯教

---

① 贫血农村——中国农村金融真空时代来临. 中国新闻周刊，2002 年第 31 期。
② 城市商业银行迈出跨区经营逐渐清晰. 中金网综合 2006 年 10 月 24 日 11 点 14 分。

授甚至说信贷权是人权。每个人都应该有获得金融服务机会的权利。只有每个人拥有金融服务的机会，才能让每个人有机会参与经济的发展，才能实现社会的共同富裕，建立和谐社会与和谐世界。那么如何在空间上有效配置金融资源，如何推动欠发达区金融发展，如何解决区域金融发展公平问题，成为我国构建和谐社会，实现区域经济快速协调发展过程中需要解决的问题。

在新的金融空间一体化背景下，不了解金融系统运行的空间规律，就难以真正理解地方经济的发展机制和解决区域金融差异问题。同时，中国国土空间广阔，区域经济发展差异巨大，对金融发展问题的研究必须具有空间概念。以中国城市内部和特殊区域为例，已有学者对改革开放以来中国金融服务的空间变化进行了研究（林彰平和闫小培，2006；李小建，2006）。但已有研究大多以金融机构地理研究为主，缺少对金融系统空间变化的整体性和系统性分析，尤其是缺乏对地方经济发展影响较大的金融资本流动空间变化分析；同时缺乏对 20 世纪 90 年代以来由金融制度的巨大变化引发的金融空间组织变化的关注，也缺少对金融空间组织变化地方效应的分析。而已有关于中国银行业系统演化的研究，较多关注银行系统演化过程的效率变化和市场结构变化，缺乏空间维度变化及其对不同地方发展影响的研究。

区域发展总是中国经济舞台上的一场"重头戏"。巨大的区域发展差异是我国发展过程中的客观现实，并且伴随我国经济的不断增长，差异在不断扩大（陈秀山和徐瑛，2004）。解决区域差异问题是我国政府的重要工作目标之一[①]。金融在现代经济中的核心地位和巨大的制度变迁引发的中国金融业空间组织变化使我国不同区域面临不同的金融约束，这会加大区域发展差距（Dow and Rodriguez-Fuentes，1997；周立和胡鞍钢，2002）。对金融空间组织变化的分析，可为探讨中国区域差距的形成和解决提供新的思路。中国的金融业系统中银行业占据主体地位，因此本书主要分析银行业空间组织的变化及其地方效应。

# 第五节　本书研究设计

## 一、研究时段

在不同的制度框架下，银行机构的区位选择行为和区域信用分配模式不同，银行业空间组织表现出不同的特征。由于中国经济的转轨性质，银行业空间组织的变化开始于制度变迁，因此对金融空间组织变化的分析应由制度变迁开始。

---

① 胡锦涛在党的十七大上的报告。

新中国成立后基于计划经济的需要，我国建立了大一统的银行体系，行政科层式的组织结构形成了货币资金流动的封闭式纵向循环模式（支大林，2002）和依据行政区划均衡分布的机构网点地理。改革开放以来的银行业制度改革不断冲击着计划经济体制下的均衡空间格局，但是到 20 世纪 90 年代后期银行业空间组织才发生实质性的变化。

20 世纪 90 年代后期基于中国经济发展的需要和国际金融竞争的压力，中国开始了真正的市场化改革，包括成立全国银行间同业拆借市场，取消信贷计划，大规模撤并银行机构网点，上收国有商业银行地方分支机构的信贷审批权，加强风险管理等。这次改革彻底打破了传统的计划均衡空间模式，国有银行市场由分割走向一体化，金融机构网点的布局由均衡走向集聚，资本流动性增强，跨区金融服务开始出现。制度的变迁使中国银行业空间组织在 20 世纪 90 年代由一个发展阶段进入另一个发展阶段，并由此产生一系列区域发展问题。

因此本书重点关注 20 世纪 90 年代以来银行业空间组织发生的变化，以及由此产生的区域发展问题。同时对新中国成立以来银行业空间组织的演化路径进行分析，以提供必要的研究背景。

# 二、研究区域

对金融空间组织变化的研究，可自不同的空间尺度进行，如全球、国家、区域、城市内部等。本书首先选择国家尺度，以中国大陆一级行政区为地域单元，分析 20 世纪 90 年代以来银行业空间组织的变化，以及由此形成的区域金融发展差异，以从总体上把握中国银行业空间组织的变化，并特别关注国家金融中心在银行业空间组织中的地位和作用。然后选择河南作为研究案例，分析省内银行业空间组织的变化，以及由此形成的地方之间金融发展差异，并将省内银行业空间组织变化与全国层面的变化进行比较分析，以发现不同之处。

之所以选择河南作为研究区域，主要是基于以下几方面的原因。

（1）处于中国中部地区，受 20 世纪 90 年代后期银行体制改革冲击较大。中部地区的发展曾有"政策洼地"之称（刘乃全和张学良，2005），就金融发展来说与东部相比金融市场化发展不足，与西部相比政策性金融扶持不足。在专业银行体制时期，由于国有银行网点主要依据计划因素设置，河南由于人口规模大，国有银行网点总量一直比较大，1994～1996 年国有银行网点总量仅次于广东省，居全国第 2 位。但在随后的国有商业银行机构网点撤并中，网点减少量最大。1996～2006 年河南国有银行机构网点减少 6434 个，总量居全国第 1 位，中部地区的其他省份如湖北、江西、湖南、安徽国有银行网点减少数量分别位于中国大陆 31 个省（自治区、直辖市）的第 3、6、8、10 位①。2006 年河南的国有银行网点总量已位居全国第 6 位。东部地区由于经济发达国有商业银行机构网点减少较少，其中天津、上海、北京的国有商业银行机构网点还有所增加；西部一些省份如西藏、宁夏、青海由于地方性金融机构发育不足，国有银行机构网点的减少为全国最少。

（2）发展中特征突出，对中国经济特征的代表性较强。经济欠发达，但增长较快。1990 年河南人均 GDP 为 1091 元，在中国大陆 31 个省（自治区、直辖市）中排名第 28 位；2006 年人均 GDP 为 13 313 元，在中国大陆 31 个省（自治区、直辖市）中的排名提前到第 16 位。20 世纪 80 年代中期以来经济增长和全国经济增长波动基本一致（图 1-2）。经济结构处于快速变化之中。产业结构高级化趋势明显，三次产业比例结构由 1990 年的 34.9∶35.5∶29.6 变化为 2006 年的 16.4∶53.8∶29.8（图 1-3）。经济空间结构极化现象突出，20 世纪 90 年代空间集聚过程突出，经济空间结构呈现出明显的中心-外围模式（李小建和樊新生，2006）。快速变化的地区经济结构加剧由制度引发的银行业空间组织变化，使银行业空间组织的变化更加显著。同时快速发展的经济使欠发达地区资金更加稀缺，金融地理问题更加突出。

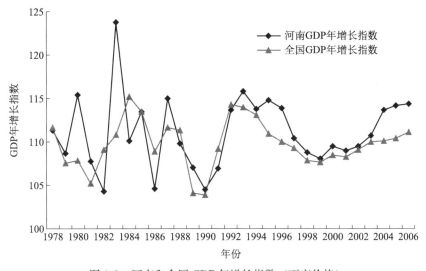

图 1-2  河南和全国 GDP 年增长指数（不变价格）

（3）经济快速增长，但金融发展滞后，和全国差距不断扩大。金融发展理论

①  由《中国金融年鉴 1997》和《中国货币政策执行报告》增刊——《2006 年中国区域金融运行报告》数据计算。

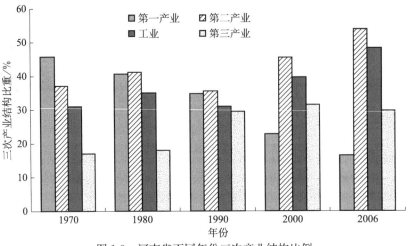

图 1-3　河南省不同年份三次产业结构比例

的研究表明，伴随经济快速增长的是金融需求的增加和相应的金融发展（Robinson，1952；Goldsmith，1969）。然而尽管河南的经济增长 1990 年以来高于全国平均水平，但与金融发展理论所认为的相悖，金融发展不仅滞后于经济增长，而且和全国的差距不断扩大。作为一个产业，河南金融业增加值占国内生产总值的比重，1995 年以来一直处于下降态势，反映出河南金融业发展不仅落后于河南行业平均发展水平，而且与全国平均水平的差异不断扩大（图 1-4）。在银行信用区域分配中，尽管河南 GDP 占全国的份额由 1990 年的 5.07% 增加到 2006 年的 5.41%，但贷款总量占全国的份额由 4.34% 下降到 3.85%，存款份额由 3.96% 下降到 3.48%。这与河南近几年经济的高速增长极不适应。

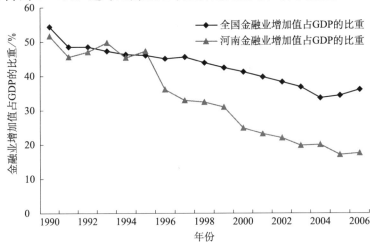

图 1-4　全国和河南金融业增加值占 GDP 的比重

（4）信息技术变化与金融全球化影响较小，受传统计划经济、国有金融体制影响较深。至 2006 年年底河南还没有一家外资银行进入；内陆地区居民在接受银行服务的偏好上，仍习惯于直接的人工服务，电话银行、网络银行还未被广大消费者所接受；银行网络整合和技术升级与发达地区还存在一定差距（陈威和唐齐鸣，2003）。银行业空间组织的变化主要受金融制度变迁和区域经济空间结构变化的影响（李小建等，2006）。

（5）发展任务重，区内差异大。河南为全国第一人口大省，发展任务尤为重；20 世纪 90 年代以来区内差异不断扩大（彭宝玉和覃成林，2007）。加快欠发达区域、农村地区的发展，为我国解决区域差异、建设社会主义新农村的关键。而较大的区域金融发展差异会加大区域发展差距（Dow，1997；周立和胡鞍钢，2002）。在河南内部区域金融发展和区域经济增长是怎样一种关系，如何更好地发挥金融对县域经济发展的支持成为解决区内差异需要探讨的问题。较低的经济发展水平、较快的经济增长、落后的金融业发展、扩大的省内发展差距、具有代表性的金融制度变迁路径使得河南成为研究 20 世纪 90 年代以来由制度变迁引发、区域经济格局变化相互作用的省区金融空间组织变化一个很好的案例。

## 三、研究框架

自地理学独特的空间视角切入金融系统，探讨在金融系统发展过程中，其空间结构的变化及其对不同地方发展的影响，揭示空间结构力量对区域金融发展差异和区域经济发展差异的影响。主要研究问题包括：

（1）金融地理学研究的起源和主要内容。

（2）何谓金融空间组织、金融空间组织演化动力、影响因素？

（3）金融空间组织的变化如何影响不同地方的金融和经济发展？

（4）中国银行业空间组织的演进路径与西方市场经济国家有何不同？

（5）20 世纪 90 年代后期以来伴随中国金融体制的巨大制度变迁，中国银行业空间组织发生了哪些变化？其在不同空间尺度上有何表现？这种变化对地方发展有何影响？

具体研究框架沿着相关文献综述、理论分析、实证研究、政策建议的思路进行研究（图 1-5）。首先在综述相关学科研究文献基础上，从理论上探讨金融空间组织的概念、演化动力和演化趋势，以及金融空间组织的变化对不同地方发展的影响。这构成了本书实证分析的基础。其次是我国银行业空间组织变化的实证分析，先是新中国成立以来我国银行业空间组织的演化过程研究，然后重点关注 20 世纪 90 年代以来银行业空间组织的变化。后者自省区和省内两种空间尺度进行分析。再次是银行业空间组织的变化与地方金融发展的实证分析，以河南 126

个县市（包括省辖市市区）为地域单元，研究区域金融发展与区域经济增长的关系。第九章研究市场化背景下金融空间组织变化。

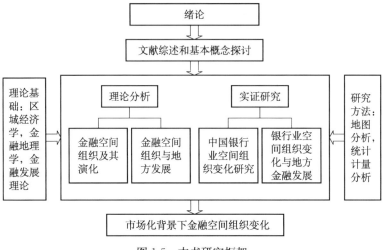

图 1-5  本书研究框架

# 第二章　金融地理学研究综述

作为一门新兴学科，金融地理学的研究内容非常宽泛，众多学者参与其中，地理学的研究论文已经扩散到非地理学杂志上，而地理学杂志上又有很多来自经济学的研究成果。不同学者关注的领域存在重大差别，不同学科，如经济学和地理学对金融地理的研究又各有特点。要想试图对这一领域作一全面综述，非常困难。我国已有学者自不同角度对这一领域的研究进行了很好的综述（李小建，2006；武魏等，2005；金雪军和田霖，2004），但仍有一些研究成果被忽视，一些新的文献也在不断出现。本章试图对金融地理学的研究做一个全面综述。首先梳理了金融地理学的形成发展，介绍西方主要的金融地理研究著作，然后分析金融地理学的主要研究内容，并从理论渊源与发展、关注重点、研究方法三个方面对比分析了经济学和地理学在金融地理学领域的研究。

## 第一节　金融地理学的形成与发展

金融地理学的研究最早可追溯到 20 世纪 50 年代。古典区位论学者曾注意到经济景观某些金融方面的性质，如利率、信用和消费价格在美国国内的地理变化，但没有专门的研究成果（Porteous，1995）。缪尔达尔（Myrdal，1957）在其累积不平衡发展理论中注意到区域金融资源的流动问题，认为全国银行体系中的资金抽取（the drainage of regional funds）作为一种回波效应（backwash effects）对边缘区域的经济发展具有负面效应。但这些金融观点只是作为其他研究的副产品出现，并没有把金融货币作为研究主题，也没有引起其他经济学家的注意。唯一一个走在时代前面的研究者是法国的吉恩·拉贝斯（Jean，1955），其在关于里昂地区金融地理的博士学位论文中，描述了银行网络的发展、银行的市场区、城市中心的金融联系、银行行政管理的变化、银行在城市形态中的地位、银行对地区经济的依赖与支持等。

20 世纪 70 年代地理学领域和经济学领域分别出现了零星的金融地理研究。地理学领域基于对城市空间发展的密切关注，出现了一些关于城市内部抵押金融分配中的空间偏见研究，特别是关于歧视性排斥和对一些居民区的贷款歧视的研究，主要集中于北美、英国城市内部（Boddy，1976；Harvey，1973，1974）。一些研究关注金融资本在城市等级体系中的流动（Conzen，1977）。经济学领域开始关注区域金融的某些方面，主要集中于国家货币政策的区域效益（Cohen and Maeshiro，1977；Miller，1978；Roberts and Fishkind，1979）。缺乏有价值的数据资料（由于国家政策要求保密的缘故）是这一时期金融地理研究发展缓慢的重要原因，学术界也没有很大兴趣去探讨一个被严密管制、几乎是静态的产业（瑞斯托·劳拉詹南，2001）。

20世纪80年代以来，尤其是80年代后期以来，伴随着金融放松管制、信息技术进步和金融全球化的快速发展及金融业爆炸式的增长，国际国内金融竞争日益激烈，金融对区域发展的影响越来越大，越来越多的地理学家和经济学家开始关注金融货币的空间研究。经济学领域，研究涉及众多主题，包括区域利率差异、区际资金流动、区域信用获得（Dow and Rodríguez-Fuentes，1997），银行结构和信用分配的地理过程（Dow，1990，1994；Porteous，1995），地理距离（包括和其他银行的距离、企业和贷方银行间的距离）和信息非对称对贷款利率、贷款条件和信用风险管理的影响等（Carlinga and Lundberg，2005；Degryse and Ongena，2005；DeYoung，Glennon and Nigro，2008）。同时，研究国际金融的文献也开始考虑地理问题。在地理学领域，地理学家也日益认识到要理解经济景观的形成，金融和货币在理论和经验上的重要性，相关研究不断增多。除了以Harvey为代表的政治经济学研究传统外，出现了很多关于特定金融机构、金融服务，以及金融市场空间组织和空间运行的具体研究，如银行业、风险资本、股票市场、养老基金等，以及金融地理研究的文化转向等（Martin，1999；Leyshon，1997，1998）。

随着研究领域的不断扩展，研究成果日渐丰富，至20世纪90年代中期金融地理学作为一门新兴学科已经建立（Leyshon，1995）。尽管要对金融地理的全尺度研究自地方货币、区域金融、国家金融空间到全球货币系统，进行全面综合分析还有很长一段路，并且地理学家和经济学家的研究还缺乏整合（Martin，1999）。笔者曾在2014年8月使用西澳大学图书馆的oneresearch搜索引擎，仅搜索了标题包含有financial geography或finance geography的英文期刊论文，共计115篇。其中1994年以前8篇，1994～1998年12篇，1999～2003年19篇，2004～2009年36篇，2009年以后50篇。除此之外，还有众多对金融地理学具体问题和具体领域的研究成果，金融地理学的研究受到越来越多学者的关注。

## 第二节　西方金融地理研究主要著作

随着经济金融化进程的快速推进，金融地理研究受到众多不同学科学者关注，研究成果越来越多。由于不同的学科背景，以及金融系统的复杂性和地理概念丰富的内涵及地理尺度的多样性，有关金融地理的研究内容非常宽泛，不同学者涉及的研究领域存在较大差别。这些从西方主要的金融地理著作可见一斑（表2-1）。

表 2-1 国外金融地理研究的主要著作

| 作者 | 著作（出版年份） | 主要研究内容 |
|---|---|---|
| Porteous D. J. | 金融地理：中介行为的空间尺度（1995） | 应用新的经济模型和计量方法分析金融中介活动的空间后果，研究内容涉及银行区位、银行的距离如何影响企业信用获得、区域信用抽取、影响金融中心发展的因素 |
| Leyshon A. 和 Thrift N. | 货币空间：货币转型地理（1997） | 分析了金融市场在一系列空间尺度的重构：全球、国家（英国）、地方（英格兰南部），以及货币权力在众多地理尺度上对社会、经济生活行为的影响 |
| Martin R. 等 | 货币和空间经济（1999） | 联合货币金融研究领域，一流的地理学家和经济学家，探讨银行不断变化的地理，形成和威胁国际金融中心的力量，金融系统、企业和地方经济的关系，国家退缺的金融原因和后果 |
| 瑞斯托·劳拉詹南 | 金融地理学——金融家的视角（2001） | 从地理学研究角度（空间差异、空间过程和空间相互作用）来研究金融活动，主要是对国际金融和资本市场作了一个地理学表述，不过只是简单的表述和图表的介绍，缺少深层内在的原理构建 |
| 本杰明 J. 科恩 | 货币地理学（2004） | 探讨货币关系的空间组织，即货币区域是如何形成和被管制的，主要是对民族国家的政治边界进行论述，是写给货币政治学学生的 |
| Clark G. L. 和 Wójcik D. | 金融地理：全球市场的公司治理（2007） | 应用一个创新分析框架描述和解释由于全球金融市场的驱动，欧洲公司治理的转型。主要是通过评价公司治理探讨金融历史和金融地理 |
| Alessandrini P., Fratianni M. 和 Zazzaro A. | 不断变化的银行金融地理（2009） | 分析银行业操作距离和功能距离的相反运动对市场结构、金融一体化、银行业管制、银行组织结构、银行贷款行为和银企间关系的影响 |

莱申曾用三篇报告，分别从分析货币金融的政治经济学方法，反射性（reflexivity）、文化（culture）和人文机构（human agency）在货币金融系统分析中的作用，性别、主体表征（representations of the body）和化身（embodiment）等在货币、金融地理形成的作用三个方面综述了 20 世纪 90 年代西方学者关于"货币金融地理"（Geographies of money and finance）的研究（Leyshon，1995，1997，1998）。瑞斯托·劳拉詹南（2001）以银行家的视角研究"金融地理"（financial geography）。马汀（Martin，1999）分析了"货币新经济地理学"（the new economic geography of money）的出现和金融系统的空间性。波蒂厄斯（Porteous，1995）的金融地理研究主要探讨金融中介行为的空间尺度和效应。莱申和施瑞福特（Leyshon and Thrift，1997）的研究主要分析货币世界如何建构地理和由地理建构，以及金融排斥地理。本杰明·科恩的研究为"货币地理

学"（geography of money），主要探讨货币关系的空间组织，即货币区域是如何形成和被管制的。克拉克和沃杰西克（Clark and Wójcik，2007）的研究涉及机构投资者，如养老基金这些在全球金融市场寻找投资机会的机构投资者，并评价这些投资机会给全球公司治理标准带来的影响。亚历山德里尼等分析了过去 10年来有关银行业地理和不断变化的距离对银行行为影响的主要文献，并提出许多新观点和经验证据，如他们认为银行的空间组织和地方分支机构与银行决策中心的距离是影响企业创新的主要因素，因为其影响着搜集和处理关于地方创新公司的软信息（Alessandrini et al.，2009）。

自这些代表性著作和论文看，西方金融地理学的研究内容非常宽泛，不同研究者关注的领域也存在重大差别，并具有一定抽象性，但多将金融视为一种制度，将金融机构视为社会资金的管理机构来进行分析，缺少将金融视为一种服务、一个服务产业来进行研究。

## 第三节　金融地理学主要研究内容

经济地理学主要研究经济活动的区位、空间组织，以及其与地理环境的关系（李小建，2006）。如果将金融地理学视为经济地理学的分支，相应地可以认为金融地理学是研究金融活动的区位、空间组织，以及其与地理环境的关系。其中的金融活动主要包括金融机构和无形的金融资本流动。地理环境包括自然、人文社会和经济环境，其与金融活动之间存在着双向影响。从金融发展理论和金融地理学的关系看，金融发展理论和金融地理学有共同的研究对象，即金融系统及其与经济发展，只是前者以金融系统的功能结构演化及其与经济增长的关系为研究核心，后者只涉及金融系统的空间发展及其对经济发展，特别是对区域发展的影响。从这一角度也可将金融地理学的研究内容界定为金融地理及其与区域发展。其中金融地理研究包括金融机构区位、金融资本空间流动、金融空间组织；与区域发展密切相关的研究包括金融排斥、空间信用配给、不同的金融机构与区域发展。综合以上认识，以下从金融机构区位、金融资本空间流动、金融空间组织、金融排斥、空间信用配给、金融机构与区域发展六个方面总结金融地理学的研究内容。

## 一、金融机构区位

这方面的研究既有理论研究，也有经验研究，还包括金融机构区位选择影响因素和金融机构空间扩张研究。

金融机构区位理论研究方面，Porteous（1995）建立了一个银行区位模型。

在这个模型里空间因素通过距离对银行监控借款者成本的影响而引入。其模型表明，区位选择的最大差别化原则，也可应用于金融中介机构，如果市场潜力的空间分布是不均匀的（如借款者是空间集聚的），在没有价格竞争的情况下，将产生银行的空间集中；当有贷款价格竞争时，银行进入防范（defended）市场可能遵循最大差别化原则选择区位［这一结果有点类似霍特林（Hotelling）对生产企业的空间分析模型］；当相同的借款者距离银行的距离超过临界值时，将获得不到信用，不管以什么样的价格，这时空间信用配给就发生了。Polèse（2004）以韦伯的工业区位论为基础构建了一个高端服务业（金融服务业处于核心地位）区位模型，这一模型表明即使在距离限制越来越小的全球化世界里，文化和语言因素仍将在高端服务业经济活动的空间分布中起重要作用。近年来关于金融中心的研究文献很多，其中一些也与金融机构区位有关，但总的来说，对金融机构微观区位的理论研究成果并不多（李小建，2006）。

经验研究方面，弗里德曼（Friedmann，1986）等认为金融企业选址存在层级性：从事国际金融服务的公司定位于少数国际性大都市；服务于国内市场的企业定位于国内级别比较高的大城市；而服务于当地市场的企业则倾向于选择一个级别较低的城市。大部分金融企业都落户在城市的中心商业区，以便利用最先进的通信设施和最便捷的交通枢纽，搜集最及时的市场信息以及享受集聚的外溢效应，更重要的是可以与客户"面对面"交流，保存企业的竞争优势。办公室区位成为金融企业实力的信号传递，最终形成了一个空间等级，较高等级企业的办公室更接近城市的中心。Shearmur 和 Alvergne（2002）对巴黎 17 种高端服务业区位模式的研究发现，金融服务业全球总部功能区位仅限于中央巴黎，专门为地方商务服务的分支机构位于巴黎和较大的次中心，定位于消费服务的小分支机构则分散在整个区域。同时不同类型金融机构的区位特征存在显著差别。很多养老基金利用许多服务供应商经营和管理其金融资产，Clark（2000）对这些服务供给机构的功能和空间结构进行研究，认为金融机构和金融产品都有其特殊的历史和地理条件，该行业的服务供给模式受不确定性、托管人信托职责、成本约束管理的影响。李小建等（2006）对中国发展中地区国有银行的区位变化进行的研究发现，中国发展中地区的国有银行业逐步向中心城市集中。其中作为区域中心的地级城市的地位上升最为突出。Bodenman（2005）对宾夕法尼亚都市间和都市区内部投资咨询业的研究则发现了新的分散化趋势，尽管费城都市区该行业有较大增长，但是传统的核心区——费城的 CBD 则相对下降，费城投资咨询业 1983～2003 年出现明显的郊区化。林彰平和闫小培（2006）对转型期广州市金融服务业空间格局的研究发现金融服务业向城市新区扩散和向城市中心区集聚并存。

区位选择影响因素研究大多和金融中心、金融机构集聚研究相连。Grote 等（2002）认为，临近性不仅仅是空间的，也包括文化、组织和专业临近性，为金融部门空间组织的主要决定因素。空间临近性即行动者之间的地理距离，文化临近包括共同的价值观、商业惯例、文化背景、语言和民族国家的制度特征。组织临近存在于同一公司工作的行动者之间，专业临近性高的行动者能够理解相互的方法、惯例、目标，拥有共同的目标和使用相同的专业语言。组织和专业临近便于信任建立，提供相互接触的背景，简化了知识交换。组织临近和专业临近高的地方，信息通信技术可用于连接较远的空间距离，因为已建立了信任，这样信息通信技术就成为一种非根植机制，导致空间分散化。空间、文化临近价值越高，越容易形成集聚活动，特别是文化临近妨碍生产超越民族国家和语言边界扩张，使生产限于某一地域。一些研究强调不同金融产品生产所需条件对金融机构区位的影响。Clark 和 O'Connor（1997）依据金融产品交易所需信息的类型和专业性，推导出不同产品的最佳区位，如次国家、国家、全球金融中心等。李小建（2006）的研究表明交通便利和邻近地段人均收入水平高对银行网点布局具有重要影响。众多关于金融服务活动区位选择机制的研究表明，信息密集的金融服务高度集中于大都市核心区主要有以下原因（Bodenman，2005）：①高层决策时，可靠的面对面接触非常重要；②商业或社会氛围的存在；③特定地方的声望；④投资于中心商务区的固定资产，如果所有者离去将面临贬值；⑤配套服务集聚，如网络、远程通信、知识溢出等。林彰平和闫小培（2007）的研究证实了地方声望、金融氛围、竞争者及临近专业人士能发现预定金融发展公司对金融机构区位选择的影响。

## 二、金融资本空间流动

这一领域的研究大部分涉及国际金融资本的流动问题，往往和国际金融中心的研究相连，研究涉及资本流动模式和影响因素研究。早期研究较多关注国家边界对货币转移的税收和流动限制等摩擦因素对国际资本流动的影响（Porteous，1995），近期的研究更多关注信息地理分布的影响。Warnock 和 Cleaver（2003）对美国投资者持有的 40 多个国家的债券和这些国家投资者持有的美国债券数据进行研究后发现，与通常的假设相反，数据没有显示美国投资的显著区位和投资美国证券投资者的明显区位。这主要在于美国的证券流动数据搜集系统旨在估计和国外对手（他们通常只是中介，并非最后买主）的跨境交易，大部分的流量来自金融中心。Portes 和 Rey（2005）分析 14 个国家 1989～1996 年双边跨境股权资本流动的面板数据，发现引力模型可以应用于解释金融资产的国际交易，至少和商品贸易交易一样。总资本流量取决于流入国或流出国的市场规模和交易成本，其中信息和交易技术的作用至关重要。距离代表信息成本，其他一些变量代表信息传递、两国投资者间的信息非对称和交易效率。研究结论认为信息地理是国际交易模式的主要影响因素,控制信息摩擦之后,交易多样化动机对资金流动起主导作用的观点并没有得到支持。Dvoák(2003)研究了国际总量资本流动模式,发现资产需求方面的变化并不能解释观察到的总流量模式,特别是不能解释总流量的巨大变化以及总流出和总流入间的负相关关系,这可能意味着投资者的异质性。笔者提出了一个非对称信息模型,这个模型里的关键因素是外国投资者群体间的信息非对称。国外和国内投资者之间的信息非对称暗含着净流量和收益之间的相关性,国外和国内投资者群体间的信息非对称暗含着总流量和绝对收益之间的相关性。结果发现总流量和绝对收益之间的相关性高于净流量和收益率之间的关系,这表明国家内部的信息非对称比国家间的信息非对称对国际总量资本流动模式的影响更大。Clark(2005)提出了水银理论来描述全球资本流动的空间、时间逻辑,认为货币在全球的流动按照水银流动的规律,包括汇聚(地方性金融系统)、沿通道快速流动(金融流动)、遇阻重新汇聚(区域或全球金融中心)、有害性(金融管理不当同样有害,如 20 世纪末金融市场的网络股泡沫)等。

关于国内区域间金融资本的分布与流动也有研究。Porteous(1995)研究了三种银行结构,即直接的区际贷款、代理银行体系和分支银行体系对区域间信用流动的影响。发现代理系统在直接区域间贷款中拥有优势,当区域间的监督成本很高时,它可以提高接近性;与直接贷款和代理系统相比,分支银行体系可以通过位于各地的分支机构,多样化其贷款资产,向借款者提供更好的服务。分支银行系统常被视为建立全国统一可贷资金市场的手段之一,可使区域间的存款利率平衡;资金可以通过分支银行网络由盈余区域向欠亏区域流动,边缘区获得资金成本就比较低。不过当银行对总部区域的客户有信息偏见,总部集聚于在特定区域时,全国性分支银行体系就会发生资金抽取现象。Martin 和 Minns(1995)研究了英国养老金系统的空间组织及其含义,其是英国经济中最重要的金融资本循环,发现来自英国各个区域的巨大的养老金缴款被导入英国东南部的金融机构,并由他们控制。而且这些基金大部分又投资于位于东南部或总部在东南部的公司和机构。这种空间集中系统追逐流动性,而不是生产性投资,只有很少的资金以为资本投资或企业扩张融资形式流回到原来的区域。Graves(1998)研究美国共同基金资产的地理分布,发现其并不像已有的关于金融业和第四产业区位理论研究所认为的共同基金资产集中于最大城市中心、日益向金融中心集中、与其他金融活动分布一致,而是表现出分散趋势。我国学者对区域间货币资金流动理论也有研究(唐旭,1999a)。在这一领域的研究更多的是关于区域信用获得、空间配给的研究。

## 三、金融活动空间组织

金融活动空间组织研究具有较强的综合性，包括不同空间尺度如区域、国家、全球金融空间组织变化和不同金融行业空间组织的变化；并与金融地理学其他重要研究议题，如金融排斥、金融中心、资本流动、金融化空间与空间金融化等相互交织，受到一些学者的关注。

根据市场集中度和控制功能的空间集中度，可将金融系统划分为两种类型——分散化和集中化金融系统（Klagge and Martin，2005；Porteous，1995）。集中化金融系统，从地理分布来说，金融总部往往位于国家少数几个金融中心里；在市场方面，几个大型的全国性银行主导全国金融市场。这样的金融系统有英国，以及深受英国法律和实践影响的加拿大、澳大利亚、南非和一些发展中国家，如智利。比较分散的金融系统以地方性金融机构为主，国内各区域间差别不大，市场集中度低，这类系统如美国、德国和日本。

Dow（1999）以 Chick 的银行发展阶段理论为基础，总结了银行业在不同发展阶段的空间形式，将银行业空间组织的演化分为六个阶段：①服务当地社区的金融中介；②银行存款作为货币，经营者信誉带来市场拓展但信用创造仍限于本地，信用总量受转存率限制；③银行系统向全国发展，转存限制放松，贷款范围扩大；④中央银行监控国家银行系统，但对信用约束较少，银行自由根据信用需求做出反映，决定国家经济体内的信用总量和信用分配；⑤在全国市场上与非银行金融机构竞争，信用创造取决于投机市场的机会和市场份额间的斗争，信用总量不受限制；⑥放松管制带来国际竞争并最终导致相关活动在金融中心集中，转向流动性，更强调银行服务而不是银行信用，信用决策集中于金融中心，信用总量由资本的可得性决定。该演化模式表明金融系统内在地具有向某个区位集中的趋势，在银行发展的所有阶段，伴随新一轮的竞争浪潮，银行机构发展的结果是一个新的集中时期；这种趋势和位于金融中心的银行在提升公众信心、赚取更多利润的能力有关。

影响金融空间组织的因素，20 世纪 80 年代以来主要有金融放松管制、信息技术进步和全球化。始于美国、英国而后迅速扩及其他国家的金融放松管制浪潮对金融机构的空间扩张影响较大（Martin，1999）。美国放松银行跨区服务管制，允许银行跨州设立分行所带来的全国性银行系统的发展。信息处理和通信技术的进步一方面使金融机构区位选择灵活性大大增强，另一方面诱发金融服务新的供给模式和空间组织形态，出现了很多对区位条件要求很低的金融服务形式和交易方式，如电话银行、网络银行、屏幕交易等。这也曾引发关于是否要将地理、空间要素纳入金融、货币研究中的广泛争论（O'Brien，1992）。Leyshon 和

Thrift（1997）分析了信息技术发展所带来的空间专业化趋势对银行空间结构的影响，认为银行部门转向利润中心运行模式带来了新的区域板块构造（new regional templates）和责任向区域总部的集中；空间专业化过程使清算功能不断从机构网点分离出去，集中到区域处理中心；银行和其他金融机构更加关注其机构网点地理。全球化对金融机构区位的影响主要表现在新的金融地理形式如境外金融或离岸金融的出现，以及大型跨国金融机构服务功能向国外的扩张和总部功能向全球金融中心的集中等。

20世纪80年代以来，全球化、放松管制和技术创新极大地改变了世界金融系统，也使世界金融地理结构发生了很大变化。Martin（1999）自国内、国家、全球三种尺度对国际金融系统的地理结构变化进行了总结（表2-2）。发现自全球到地方，在所有地理尺度上，金融系统的地理结构越来越不稳定，激烈的竞争和大量的兼并收购活动使金融系统不断进行地理整合，正如制造业的重构和合理化（rationalisation）是高度地理不平衡的，银行业和相关金融活动也是如此。

**表 2-2　当代金融系统的地理变化**

| 主要过程 | 结构变化 | 地理变化 |
|---|---|---|
| **放松管制：**<br>解除外汇、信用和资本控制；取消历史形成的产品和市场边界；开放证券市场；开放的支付系统；私有化；资本充足率的国际标准 | **市场：**<br>日益一体化，日益全球化；竞争越来越激烈；变化很快，危机倾向；不断发展的金融脱媒；转向非银行机构如养老保险基金；非银行服务增长 | **国内金融市场：**<br>一定程度的空间分散；兼并和收购超区域银行的增长；地方银行减少；地方化危机；国家呼叫中心增长；通过地方办公机构关闭和合理化进行空间整合；地方货币出现 |
| **技术创新：**<br>办公自动化；自动支付系统；无纸清算系统；电子资金转移；屏幕交易；自动证券交易和报价系统；新型产品和工具 | **公司：**<br>兼并与收购；多样化；专业化；股份化，多国化，非银行金融公司增长；新的风险管理 | **国家金融中心：**<br>和全球网络连在一起；日益国际化；金融活动出现分散；出现领土根植性问题，如城市资产成本和限制、劳动力成本；远程接近市场；放松管制带来交易不稳定性，如交易丑闻、投机事件等 |
| **全球化：**<br>市场交换一体化；金融服务贸易障碍减少；加速的国际资本流动；无国家货币增长；金融危机和动荡在国际间快速传递 | — | **全球系统：**<br>离岸中心越来越重要；高度同步的跨国（无边界）市场；全球金融中心竞相放松管制；全球中心间的贸易和产品移动；区域合作和一体化；无地方市场出现 |

资料来源：Martin（1999）。

## 四、金融排斥与区域发展

就金融系统的本性来说，与新古典理论的假设不同，地理学家倾向于认为其本身就是排斥的，而不是包容的，会扩大而不是缩小区域不平衡发展，即 Leyshon 和 Thrift（1997）所说的趋富性质（flight to quality）。其中主流银行和其他金融机构的歧视性和排斥行为对城市低收入区域的贫困起重要作用（Li et al.，2002）。

金融排斥经常被定义为一个广义概念，用以描述特定的社会群体无法或不愿意接近主流金融服务。国际上不同的学者往往以不同方式使用这一概念，差别主要在于所关注的社会群体和金融服务不同。在度量方面多以 Kempson 和 Whyley（1999）提出的金融排斥包括地理排斥、接近排除、条件排除、价格排除、营销排除、自我排除六个方面为基础，以社会调查为基础方法，从消费者个人或家庭拥有的基本金融服务有无和多少来判断金融排斥（FSA，2000）。例如，欧盟认为，金融排斥是指人们在获取和/或使用主流金融服务和产品的过程中遇到困难，这些产品和服务是能够使他们在所归属的社会中过上正常的社会生活的必需品（European Commission，2008）。欧盟界定的正常生活必需的金融服务主要有银行交易服务、储蓄、信贷和保险，与之对应地便有四种不同的金融排斥——银行排斥、储蓄排斥、贷款排斥和保险排斥。银行服务是最基本的金融服务供给，也是获取其他金融服务的关键，据此欧盟对个体金融排斥程度进行了区分，包括无银行服务（unbanked）、少量银行服务（marginally banked）和充分银行服务（fully banked）。澳大利亚西澳大学的社会影响研究中心从个人和金融服务角度给出了金融排斥的定义，认为当个人无法接近合适的、可支付的金融服务和产品时，金融排斥就发生，其中最重要的服务和产品是交易账户、一般保险和适量的信贷。基于以上定义，社会影响中心从三个方面，即个体接近三种必需产品的程度、使用这些产品的成本、这些产品的可接近性，估计了 2010 年澳大利亚金融排斥状况（Connolly et al.，2011）。

经济地理学家最初发起对金融排斥的研究，主要关注金融服务设施的物理接近地理。例如，Leyshon 和 Thrift（Leyshon，1995；Leyshon and Thrift，1997）较早关注金融设施从某些区域撤出后引起的某些群体或区域无法接近主流金融系统的过程。其对过去 20 年发生在多种尺度上的金融抛弃和金融排斥过程进行了研究，自 20 世纪 80 年代欠发达国家债务危机之后国际银行业大量关闭发展中国家分支机构，封锁对发展中国家的信用，到 20 世纪 90 年代发达国家债务危机后在北美、欧洲形成的金融排斥新地理，并认为资本逃离和排斥过程是一个关系过程，其沿阶层地理，而且也沿相应的种族、性别地理进行，抛弃贫穷地方总是伴随着投资在富裕地方的再集中。之后经济学家和政府机构广泛介入金融排斥研究和治理。Kempson 和 Whyley（1999）指出，居住在英国的 50 个最贫困地区的居民，比一般人更有可能处于金融排斥，往往是两倍的可能性。大量关于金融排斥的研究以美国、英国为主，之后发展中国家金融排斥研究也逐渐增多（Sharma and Reddy，2002；Biles，2005；Christopherson and Hovey，1996）。以斐济为例，Sharma 和 Reddy（2002）认为制度力量是乡村地区金融排斥的首要决定因素，在那里 2/3 的家庭无法接近金融服务。Biles（2005）以墨西哥巴亚多利德（Valladolid）的农户调查为基础，发现正式部门无法满足低收入客户的需求，非正式金融机构为研究区 82% 的家庭提供服务，但非正式部门通常只提供有限的短期服务，而且非正式机构效率相对较低，他们所要的利息率远高于正式部门。

金融排斥过程对被抛弃社区具有严重的社会和经济影响。短期内，这意味着这些社区的个人和家庭不得不在正式金融设施之外寻求满足其金融服务需求。长期内，被金融系统抛弃的社区将处于向下循环发展的危险中，因为无法接近为经济再发展提供可能和维持经济发展环境的资金。

## 五、空间信用配给与区域发展

空间信用配给指同样的借款者因为他们的区位而不是因为其风险状况得不到贷款（Porteous，1995）。宏观经济学关于信贷配给的理论起源于凯恩斯的《货币论》和 20 世纪 50 年代的信用获得性理论，从 70 年代末到 90 年代，学者们开始以不完全信息理论为基础，对信贷配给进行现代分析。对于信贷配给的内涵论述很多，但较为流行的是斯蒂格利茨、韦斯对信贷配给所下的定义。信贷配给指的是如下两种情况：①在所有贷款申请人中，一部分人得到贷款，另一部分人被拒绝，被拒绝的申请人即使愿意支付更高的利息也不能得到贷款；②一个给定申请人的借款要求只能部分地被满足。信用配给的对象往往是中小企业或是边缘区域，因此对信用配给的研究依据研究对象可分为两类：一类研究以中小企业的信用获得为对象，探讨信用配给的存在和产生原因；另一类研究以区域信用获得为对象，探讨空间信用配给的存在与原因。

地理学对空间信用配给的关注始于 20 世纪 70 年代，主要关注北美、英国城市内部抵押金融分配中的空间偏见，如住房市场中信贷配给、贷款红线（red-line）和房地产牟利（blockbusting）等如何歧视社会中经济能力较低的成员和加剧城市内部的不平等。而近期地理学领域的研究成果较少，对空间信用配给的研究多来自经济学领域。依据不同的理论，学者们对空间信用配给产生的原因进行了分析，总结起来有以下观点。

（1）由于区域市场分割。这种观点基于新古典一般均衡理论认为，只要区域信用市场有效运行，区域间金融流动的均衡机制会达到有效的资源区域分配，不会存在区域信用配给。而现实中总是存在种种因素阻止区域市场有效运行，从而使区域信用获得存在差异。Roberts 和 Fishkind（1979）认为有三个因素可以形成区域市场分割：第一，和区域行动者的信息接近性有关；第二，金融资产在流动性、成熟度、风险方面的非同质性，使不同资产的比较很难；第三，区域在流动性偏好和风险厌恶方面的不同也会导致资产供给、资产需求利息敏感性方面的差别。Moore 和 Hill（1982）认为，区域市场里小型和大型借款者与贷款者之间的差别也会形成区域信用市场中的区域分隔。

（2）银行结构与区域信用供给不足。区域内的银行可分为地方银行与外来银行。与外来银行相比，地方银行对于当地的投资机会拥有信息优势，监督成本较低。外来银行在地方信息上并不具有优势，往往会缺乏评估地方项目风险性和获利性的信息。当地方机构无法提供足够的信用，非对称信息又约束了区域市场上非地方金融机构的信用供给时，区域信用配给就会产生。其实此种观点是强调信息非对称和不完美所导致的区域信用供给不足而产生的空间信用配给。产生过程如图 2-1 所示。

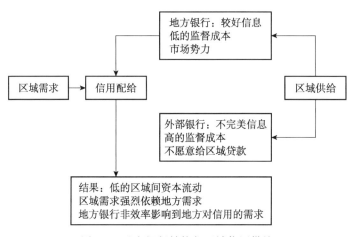

图 2-1　地方银行结构与区域信用供给

资料来源：Dow 和 Rodriguez-Fuentes（1997）

（3）区域信用创造模式差别。这种观点认为区域信用配给可由供给方面产生，也可由需求方面原因产生；并且区域信用供给和区域信用需求相互作用、相互依赖使区域信用创造模式存在差别，从而影响区域信用获得，其产生过程如图 2-2 所示。在供给方面，区域获得的信用受区域流动性偏好和地方银行所处的发展阶段影响。区域银行所处的发展阶段越低，信用创造能力越低，越容易受信用供给约束。银行的流动性偏好受关于区域收入增长、区域稳定性等区域预期和中央银行创造的关于货币状况的预期效应影响。如果银行感知到区域风险高，或者风险评估比较困难，流动性偏好会影响银行对区域发放贷款的意愿。区域对信用的需求，受流动性偏好和对区域经济预期的影响。对区域经济低的预期会降低区域对资金的需求，使投资者不愿负债；高的区域预期可以推动区域对资金的需求。对区域经济高的预期也会使银行部门比较乐观，增加区域信用供给，甚至超越区域存款基数扩张信用；相反则反之。高流动性偏好将鼓励储蓄者持有流动性强的证券，流动性强的金融资产更多由区外供给。边缘区域行为人流动性偏好的提高会引起金融资源流向核心区，减少资金地方的获得性。这种流出是否影响区域信用的获得性依赖于：银行部门扩张信用的能力，不管区域存款基数多少；这种区域流出对银行自身区域流动性偏好的影响。这种观点又称为后凯恩斯主义观点，认为对于信用的区域分配，问题的关键不是总量一定的信用如何在区域间分配，而是信用如何被创造。

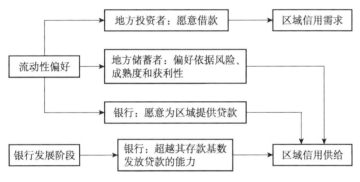

图 2-2　区域信用创造与区域信用获得

资料来源：Dow 和 Rodríguez-Fuentes（1997）

（4）社会文化行为因素。此种观点认为信用分配过程是一个关系过程，其沿阶层地理，而且也沿相应的种族、性别地理进行，借款者和贷款者之间的社会文化距离对于获得信用至关重要。一旦一些群体或区域被贴上"不良"或"不盈利"的标签，就被排斥在信用体系之外（Collard et al.，2001；Leyshon，2004）。银行管理者行为也会影响区域信用获得。与经济核心区的银行管理者相比，经济边缘区银行分支机构管理者往往更加厌恶风险，会减少信用扩张。因此尽管信用成本在整合的一体化银行体系中是一样的，但区域信用的获得性还是存在差别。

## 六、金融机构与地方经济发展

从金融机构经营的地域范围出发，可将金融机构划分为全国性金融机构和地方性金融机构。一般认为，地方、区域银行系统与全国性银行相比，与地方经济和社区联系更密切，来自地方的资金大部分在地方循环，保留在地方，更有助于地方经济和社区发展（Martin，1999）。很多学者证明地方金融与当地和区域经济繁荣有直接的因果关系，大规模的和极具竞争力的地方金融体系的存在意味着地方工业能够比较容易获得贷款，或者说能以比在中央系统更低的价格获得贷款（Gertler，1984；Hutchinson and Mckillop，1990）。地方金融体系，如在意大利、德国和日德兰半岛，传统上一直支持中小企业的发展，并且能够在周期性的经济衰落期间为他们提供减震缓冲服务（Dow，1994）。Alessandrini 和 Zazzaro（1999）认为，区域银行体系对克服国家金融体系存在的信息不对称发挥着作用，它使小企业能够容易获得贷款。由于面向地方的金融机构依赖于当地经济的健康发展，有证据显示，地方金融机构比中央机构更有可能支持本地企业的发展和促进创新的推广，因为中央机构对当地及区域内的商业情况不甚了解。Samolyk（1994）对美国 1983～1990 年州的收入增长率和区域信用状况，如坏账准备金（loan loss reserves）的真实增长率、违约贷款比例、人均破产商业负债量、国内贷款真实增长率、净收入与商业银行股权资本（equity capital）比率等之间的关系分析，发现与银行状况较好的州相比，在银行贷款质量较差的州，地方银行部门的状况可以更多地解释真实收入增长，这证明了当存在区域分割时，地方银行对地方经济具有重要影响。

另外一些非主流金融机构，如少数民族银行、社区银行、妇女银行、轮流受益信贷协会、地方经贸系统等新的、微型金融机构在地方发展中的作用近几年来受较多关注（安德鲁·莱申和奈杰尔·思里夫特，1998；Lee et al.，2004）。Li 等（2002）对洛杉矶美国华人银行研究表明，这些银行通过改变洛杉矶唐人街的商业基础设施和居住景观推进社区的发展。

相对于地方性金融机构，全国性分支银行系统可以建立全国统一可贷资金市场，利率同一，排除了对边缘地区利率加价；机构网点距离客户较近，方便沟通和降低监督成本，最小化信息非对称，可以有效解决核心区外区域的信用接近问题；同时经济衰退区的分支机构可由作为一个整体的全国分支网络赚取的利润得以保护。不过当对总部区域的客户有信息偏见，银行中介总部倾向于集聚在特定区域的国家金融中心时，分支银行系统就会导致自某些区域的资金抽取（Porteous，1995）。Myrdal（1957）在其累积不平衡发展理论中注意到全国性银行体系中的资金抽取（the drainage of regional funds）问题，这作为一种回波效应（backwash effects）对边缘区域的经济发展具有负面效应。

尽管有证据证明地方金融业发展与区域发展之间直接的因果关系，然而，虽然 Warf 发现储贷机构的破产与地方经济之间有很高的关联性（Warf and Cox，1996），但是 Warf 和 Cox（1995）发现美国商业银行倒闭与当地结构之间毫无关系。所以地方经济表现和金融基础设施间的关系还没有被证实（蒂克尔，2005）。

# 第四节　金融地理：地理学和经济学研究对比

作为一门具有良好发展前景的新兴经济地理学分支，金融地理学的研究受到越来越多学者的关注，其中经济学和地理学参与最多。从地理学的研究视角出发（美国国家研究院地学、环境与资源委员会地球科学与资源局重新发现地理学委员会，2002），对金融过程和金融现象观察、理解时的核心观念是"空间、区位至关重要"，具体来说包括通过地方、空间和各种空间尺度观察金融系统，对各种金融现象进行空间表述，以及对金融发展的地方经济、社会、结构因素进行综合分析。从经济学的研究来看，在金融现象时间纬度的主流研究之外，金融现象空间纬度及其对经济增长的影响开始受到关注。不同的学科渊源和研究传统，使两者在研究内容、研究方法方面差异明显，相互借鉴和整合可推动金融地理学的发展。以下自理论渊源和发展、关注领域、研究方法三个方面对比分析这些研究。

## 一、理论渊源与发展

地理学领域的研究始于 20 世纪 70 年代马克思主义地理学对城市空间的研究。20 世纪 70 年代之前，除历史地理和一些区域文献中有货币研究外，地理学的其他地方很少有将货币作为核心分析议题的，真正的货币金融地理研究始于哈维（Leyshon，2004）。1973 年 Harvey《社会公正和城市》的出版，引发地理学家对货币、空间和地方的广泛兴趣。地理学家从哈维对马克思主义理论的应用中受到启发，开始以新的方式探讨货币和金融地理，试图理解形成城市内部不平衡发展的长期物质过程。这一时期的研究主要关注金融机构自特定地方汇聚资本和将资本引入特定地方中的作用，主要分析金融系统通过诸如信用配给、贷款歧视等建构和分裂社群，加剧城市内部的不平等（Leyshon，2004）。1982 年 Harvey《资本的局限》的出版，再次引发地理学家对货币金融地理的兴趣，并使政治经济学传统广泛渗透于金融地理现象的解释中。之后政治经济学传统主要表现在三个领域：金融地理政治经济，金融地理经济学，金融排斥地理（Leyshon，1995）。其中金融排斥的地理研究和 20 世纪 70 年代马克思主义地理学的研究一脉相承，渗透着较强的价值判断，如平等、均衡发展等。20 世纪 90 年代后半期，西方经济地理研究出现文化转向，即在对社会经济发展的理论和实证研究中开始重视文化、个性（identity）和制度性力量等的作用，特别是文化因素在经济活动空间格局形成和演变中的作用，强调在社会文化与政治经济相互作用的动态过程中来认识资源、资本和劳动力等生产要素的空间特征。受此转向的影响，政治经济学方法在主导货币金融地理研究 20 多年之后，受到批评社会理论、文化研究、女性主义等的质疑与批评，这些理论认为货币、金融远比政治经济学认为的要复杂得多（Leyshon，1997，1998；Hall and Appleyard，2009；Hall，2010）。文化经济研究以非正统经济观点和后结构主义的认识论为基础，深受行动者网络理论和科学研究的影响，以几个关键概念如网络、根植性等来理解经济如何通过社会关系建构，主要研究对象是国际金融市场和国家金融中心，如金融中心社会文化的建构（Leyshon，1997），国际金融中心金融创新过程及其地域、社会根植性的研究（Hall，2009，2010；Hall and Appleyard，2009），精英阶层和非人工技术对金融市场形成的影响分析（Hall，2009；Pryke，2007）等。通过分析形成国际金融系统的技术、人工制品和社会关系，文化经济研究试图开启全球金融这个黑箱。不过由于文化经济方法超越对金融地理不平衡性的政治经济学关注，忽略金融市场的政治性质和其不同的地理含义，也招致一些批评。有学者呼吁对金融的地理研究应使用政治经济学方法，要关注资本循环、货币、价值问题和日常经济间的复杂关系（Sokol，2013）。

经济学的相关研究可追溯到 20 世纪 50 年代，廖什的古典区位论和缪尔达尔的循环累积因果论。之后区域经济学的研究很少涉及货币、金融系统和它在区域发展中的作用，大多假定金融系统对区域的影响是中性的。20 世纪 70 年代后期起始于对货币和金融系统对实体经济、区域经济影响非中性的认识，经济学领域对区域利率差异、区际资金流动、区域信用获得、银行和信用分配的地理过程、金融中心的增长和竞争等的研究逐渐增多（Martin，1999），但总的来说这些研究处于经济学的边缘或外围领域。20 世纪 90 年代末以来在放松管制、信息技术、全球化背景下，受信息经济学的影响，很多学者探讨客户与银行的距离对信息非对称和交易成本，继而对信用获得、区域经济组织的影响，也有一些研究探讨金融系统的空间结构变化及其区域发展的影响。例如，Turner（2011）研究了金融地理和金融可得性对出口的影响，发现金融可接近性和效率变量，尤其是银行分支机构的地理渗透和商业贷款的申请过程，显著影响出口。Crocco 等（2010）建立了一个内生空间滞后和空间移动平均误差空间面板模型，分析巴西金融系统的空间结构，探讨城市金融系统的发展水平对其临近区域的影响。Bieri（2009）研究了金融管制地理，Appleyard（2013）研究了企业金融可得性区域差异。其中集大成者是意大利货币经济和欧洲货币政策教授 Alessandrini 和商学院教授 Fratianni 等（Alessandrini et al.，2009）编著的《银行业和金融不断变化的地理》（*The Changing Geography of Banking and Finance*）。这本书包括距离和银行组织、边界和市场结构、管制框架和金融中心三部分，分析银行业的地理变化及其对小企业贷款、创新扩散、市场结构等的影响。

## 二、关注领域

地理学对人文地理现象的理解非常丰富和多元，因此金融地理研究涉及面更广，如金融空间中的经济、社会和文化因素影响，货币空间与社会权力，货币与全球空间秩序变化，金融中心发展，国际银行业中心与空间经济，金融系统的空间结构，地方金融系统与区域产业发展，私有化与金融空间结构，全球化、管理与金融空间组织变化，国际金融市场的地域根植性，金融企业家、风险资本与区域发展，等等（李小建，2006）。但相对来说，地理学的研究更加关注有形的金融地理研究，如金融机构的区位、金融系统的空间组织和空间运行、影响金融机构区位的因素、金融设施的空间可达性及其与区域发展等，比较注重探讨区位和地方对于金融交易和运行的重要性及区域发展问题，如对国际金融中心，区域、城市层面零售金融和服务机构空间组织的研究（Martin and Minns，1995；Clark，2000）。受政治经济学研究传统和文化转向的影响，地理学的研究较多关注金融系统发展的不平等效应，以及金融机构区位变化在地方和社区的社会文化效应，如社会权力分配、区域或社区获得发展机会的公平性等。

经济学主要关注无形的、流动性强的金融资本空间流动和获取，以及这种变化所带来的增长效应。Gourinchas 等（2012）研究了 2007～2008 年金融危机期间全球财富转移地理；Stotz（2011）研究了地理因素对私人股权投资收益的影响，并用较低的监督成本和对制度环境的较好理解来解释地理因素对私人股权投资收益的影响；Özyildirim 和 Önder（2008）研究了土耳其 1991～2000 年本地银行活动和本地产出增长间的关系，探讨总行和地方支行之间的距离是否影响金融中介和地方经济发展的关系。鉴于信用获得对企业发展的重要性，经济学的研究比较关注地理距离变化对中小企业信用获得的影响。根据使用的企业信息不同，Berger 和 Udell（2006）将贷款技术分为交易型和关系型两类，交易型贷款使用企业财务报表和信用评分等硬信息，关系型贷款使用银行与企业在长期的多渠道接触中积累的、不能从财务报表或公开渠道获得的信息，多属于软信息。中小企业贷款多属于关系型贷款，而企业和贷款银行间的距离是影响软信息获取的重要因素。距离（包括企业和贷款银行间的距离、贷款银行和其他银行的距离等）变化引发信息非对称变动，导致贷款利率、贷款条件和风险管理的变化，从而出现贷款空间定价和信用空间配给。信用市场上，技术创新和银行组织结构变化是影响距离变化的两个重要因素。大型银行企业集团的建立增加了借款者和贷款者的距离，而技术创新的应用方便了信息的传输，如在线银行、自动取款机、自动信用评级系统等，又降低了物理距离的意义，两者形成互补。不同类型距离的变化如何影响融资约束成为经济学研究的重要议题（DeYoung et al.，2008）。其中金融创新（如贷款专业化、信用评级技术）对距离的影响及这种变化的效应研究较多（Degryse and Ongena，2005；Petersen and Rajan，2002；DeYoung et al.，2008）。在此研究中，经济学的研究更关注这种地理变化对微观经济发展主体、企业和个体的影响，并致力于探讨解决问题的制度和政策框架。

金融排斥为共同关心的领域，不过地理学与经济学关注点存在较大差别。金融排斥与广泛的社会排斥和包容概念相连，用以描述特定的社会群体无法或不愿意接近主流金融服务，主要表现为金融服务可得性显著的空间分布差异，因此一开始其就成为金融地理学的一个重要研究议题。20世纪90年代以莱申和史瑞夫特为代表的经济地理学家最早发起有关金融排斥的研究，主要关注银行和住房协会的分支机构在贫困社区的关闭，以理解金融如何加剧和制造新的空间发展不平衡（Leyshon and Thrift，1994，1995）。之后，经济学家和政府机构广泛介入金融排斥的研究和治理。其中一个重要的研究基地是英国布里斯托大学的个人金融研究中心，这个研究中心以政策为中心，自消费者保护角度推出了很多有关金融排斥的研究，揭示了更细微、更多变的金融排斥，如评估排斥、条件排斥、价格排斥、营销排斥和自我排斥等，并在金融排斥政策形成中很有影响力（Kempson and Whyley，1999；Collard et al.，2001）。之后很多国家开始了金融排斥的研究和报告发布。由于这一时期很多研究出自非地理人士之手，同时伴随着金融服务的地理接近作为一个政策问题的弱化①，对地理因素导致的金融排斥关注度逐步下降。对地理的忽视，一方面推动金融排斥研究的多样化，另一方面地理学家在这一领域的声音日益微弱（Leyshon et al.，2008）。近几年来基于包容增长理念，经济学者开始用更广泛的金融包容概念来分析金融服务的可得性，并在金融包容的度量、影响因素、发展效应和政策推动方面取得很多进展（Beck et al.，2009；The World Bank，2014），地理学者对这一领域就涉足更少。

## 三、研究方法

地理学的研究从方法论上与20世纪80年代以来人文地理学的发展相互贯通，经历了制度转向和文化转向的变化。不过由于地理学的研究主要致力于理解金融对地理不平衡发展过程的意义，方法论方面深受结构主义的影响。在具体的经验研究方法方面，地理学是多种方法应用专家（Benner et al.，2011），研究方法多样，如地图分析、统计分析、公司访谈、问卷调查法、价值链分析等。其中地图分析是地理学研究常用的、直观的分析方法。统计分析是通过对统计、调查

① 英国官方认为金融地理排斥发生，在城市距离最近的银行网点超过1英里，乡村超过4英里。通过实施这一政策，英国认为地理排斥问题已经解决。

数据的分析，如就业比重、区位商等定量指标来观察金融业的区位模式和空间变化，如 Bodenman（2005）对费城大都市区投资咨询业组织结构和空间动态的研究，Zhou（2005）关于伊利诺伊州银行业地理的研究。公司访谈法和问卷调查法主要用于研究金融机构的区位决策过程，通过对调查结果的统计、分析、总结，揭示影响金融机构区位的因素。在金融排斥的研究中，问卷调查法和访谈法应用也较多。例如，Biles（2005）以墨西哥 Valladolid 的农户调查为基础，研究金融全球化和经济自由化如何影响墨西哥中低收入家庭获得金融资源；Leyshon 等（2008）进行了 17 个半结构式的深度访谈，通过访谈银行业有关人士，分析驱动和影响银行网点合理化的因素。Grote 等（2002）应用价值链分析研究批发金融服务业由于信息通信技术的采用而引起的空间组织模式的变化。Pike 和 Pollard（2010）采用整体分析法，将经济、社会、政治、文化因素结合在一起，为金融现象提供综合地理观点。

与地理学研究方法的多元性相比，经济学的研究以其简洁、有力的理论预设以及一贯的、几乎被所有经济学家公认的首位逻辑一致的分析方法著称，规范分析和实证分析结合使用。规范分析主要基于新古典理论，强调均衡，应用已有理论建立严格假设下的理论模型，推断金融空间活动"应该是什么"。实证分析往往采用简化分析法，以计量经济学方法为主，提出假说，然后使用计量工具（主要是各种回归分析）对假说进行验证。例如，Porteous（1995）以两区域内生中介模型为基础，通过引入区域借款者和贷款者的不同特征分析信用配给的可能性。Carlinga 和 Lundberg（2005）建立了一个简单的信用地理配给理论模型，并用经验数据予以验证。在金融排斥和金融包容研究中，数据获取方面问卷调查法应用较多（Beck et al. , 2009；The World Bank，2014）。同时经济学对地理的理解较为单一、具体，也很容易将其纳入模型分析中。例如，Stotz（2011）的研究中地理因素具体化为国内投资和跨境投资；John 等（2011）的研究中地理区位的度量使用中心区位、公司区位与主要大都市区的距离，以及另外两种距离；Turner（2011）的研究将地理因素视为金融机构网点分布密度。

## 四、结论与讨论

经济学和地理学对金融地理研究的共同关注，显示了金融地理学丰富的研究议题，以及良好的发展和应用前景。但不同的学科渊源使两者的研究存在诸多差别。地理学的研究很具前瞻性，总能以敏锐的洞察力和综合系统思维提出时代迫切需要关注的研究问题，发现和开辟新的研究领域。经济学的研究，领域比较集中，研究主题明确，主要围绕经济发展和经济增长来探讨金融地理问题，并与政策制定密切相连，但对于地理的认识和假设过于简单，模型设置和经验验证不够严谨，不易得到广泛认可的理论和观点。相互借鉴和整合可推动金融地理学的发展。但从目前的研究状况看，总的来说，金融地理学的研究内容还比较繁杂、琐碎和不系统，往往是思想领先，经验研究滞后，不利于后人、新人快速进入金融地理学研究领域。

# 第五节　中国金融地理研究

国内金融地理学的研究刚刚起步。已有不少关于国外研究的文献综述（金雪军和田霖，2004b；武魏等，2005；李小建，2006），在微观金融机构区位（李小建等，2006；林彰平和闫小培，2006，2007）和金融中心（赵晓斌等，2002）、区域金融系统演化和区域金融产业成长方面已有一定的创新和进展，并且经济学和地理学领域都有参与。但很多领域还有待扩展。

改革开放以来，伴随中国金融制度的巨大变迁、经济的快速发展和区域差距的变化，中国的金融地理也发生了较大变化。特别是 20 世纪 90 年代后期以来，中国银行业的市场化改革和金融调控方式的转变使银行业地理开始在新的路径上发展，由此衍生出一系列区域发展问题。金融为现代经济的核心，使金融系统在塑造区域发展形态和决定区域经济增长中具有重要作用。对中国金融地理变化的研究一方面可增加国际金融地理学发展中国家的研究案例，另一方面可丰富我国金融地理学的研究内容。金融地理变化对区域发展影响的研究，可为解决中国区域经济差异问题提供新的思路。

进入 21 世纪以来，随着我国金融业市场化改革向纵深方向推进，金融业发展进入一个新的阶段，越来越具有独立产业特征，对金融资源的争夺成为主旋律。一是金融机构间的激烈竞争，二是地方间的激烈竞争。目前我国大陆 31 个省（自治区、直辖市），累积已有 30 多个城市提出要建立金融中心，包括国际性金融中心和区域性金融中心，上海与北京要争做全国金融中心，天津要建北方金融中心，深圳与广州要争建南方金融中心，西安与兰州在争西部的金融中心，成都与重庆在争西南的金融中心，各区域纷纷谋求占据金融地理的制高点。对金融资源的激烈争夺使我国的金融地理处于前所未有的重组之中，是走向地理集中、空间集聚，还是走向空间分散，重复建设，谁将是最后的赢家？各区域都在积极应对挑战。如何在全国的金融地理格局中确定区域自己的位置，寻找发展的突破口成为区域发展面临的一个重要问题。

# 第三章 金融空间组织演化与地方经济发展

经济活动的空间组织与空间结构始终是经济地理、区域经济的核心研究主题之一,包括区域经济空间组织、产业空间组织和企业空间组织研究。产业在区域的空间组织形式是形成区域内部空间结构的主导力量,并影响着资源要素的流动方向,进而影响着区域经济发展。但长期以来对于产业、企业空间组织的研究较多关注制造业、跨国公司和产业集群的空间组织,而对现代服务业,特别是金融活动空间组织的研究较少。伴随着全球产业结构向服务化的演进,服务业在城市和区域中占据越来越重要的地位,现代生产性服务业日益成为城市功能和区域、城市竞争力的重要体现,而金融业在现代生产性服务业中处于核心地位。经济金融化的发展和区域日益成为经济发展的主体,金融资源竞争日益成为区域竞争的重要内容。对金融资源创造、流通空间过程和金融服务的空间组织及其演变的研究,对于研究中国经济的地域差异和发展演变规律都具有十分重要的意义。

## 第一节 金融空间组织演化

### 一、金融空间组织概念

空间既是一个生产要素也是生存的基础,"建构与充填空间"既是人类发展的目的也是发展的手段,科学的空间组织是人类社会可持续发展的基础,更是生态文明发展转向的关键,促进经济发展、文化传承和环境健康的持续增益是其基本出发点(金凤君,2013)。空间组织是指人类为实现自身的发展目标而实施的一系列空间建构行动及其所产生的空间关联关系;其实质就是在哲学(伦理)—技术—经济—时间框架下使要素配置、利益系统间的制衡关系在行为和空间上遵循为其所制定的圭臬,将符合文明规制的行为置于适合的空间区位上,建构与充填人类发展所依赖的生存空间(哈特向,1983)。强化经济社会活动空间的科学组织是构建和谐有序空间秩序的有效手段(金凤君,2006)。

金融空间组织指一定区域范围内金融系统各种组成要素在空间中的相互作用和关系,表现为金融系统各种组成要素不同的空间集聚和空间分散状态。有不同行业如银行业、投资咨询业、证券业、保险业等的空间组织,也有不同空间尺度如区域、国家、全球金融的空间组织,还有不同金融机构的空间组织问题。

自系统构成看，金融系统主要包括两部分，各种金融资本（或金融资产）和各类金融机构及其分支网点。前者以流动性著称，后者位于具体区位，供给各种金融服务。这两部分具有不同的属性和地理结构，并通过不同的机制影响区域发展。因此，金融空间组织包括金融机构区位、网点分布和金融资本（或金融资产）如货币、信用、资金、证券等的空间流动两部分内容，前者意味着不同的金融服务供给；后者意味着信用供给规模和资金获取的难易程度，对区域发展的影响更为直接和深远。金融空间组织的变化可能先起源于金融机构区位和网点分布的变化，而后导致资产流向的变化；还可能是资产流向先发生变化，金融服务设施作随后调整；还可能两者同时变化，相会加强。

过去 30 年里，国际上不同空间尺度的金融空间组织变化总是包括这两方面，一方面是货币和金融流向的空间变化，另一方面是金融服务的空间组织变化，即金融机构网点地理分布的整合，并由此影响不同地方的发展（Leyshon and Thrift，1997）。20 世纪 80 年代早期，发展中国家债务危机爆发后国际金融服务业开始大规模的空间重构，国际银行业一方面对发展中国家实现了信用封闭，另一方面大量关闭在发展中国家的办公机构。20 世纪 80 年代后期许多核心资本主义经济爆发了"发达国家的债务危机"，为了应对危机北美和欧洲经济开始了新一轮的金融体制重组，主要资本主义国家如英国、美国实现了广泛的银行分支机构关闭计划，出现许多有利于富有的、权势群体的新型金融工具，导致金融空间组织的重构和新的金融排斥地理。

集聚与扩散是产业空间组织的两种最基本组织形式。因此，不同时期、不同行业和不同金融机构的金融空间组织总是表现为金融机构网点和金融资本不同程度的空间集聚和分散。

## 二、金融空间组织特点

### 1. 演化性

演化性是系统的普遍特性。演化意味着对某种特性的继承，又包含了变异的出现，体现出长期和渐进的变化过程，强调了生物遗传学的自然选择思想（汪浩瀚，2003）。金融空间组织也是一个动态演化系统，伴随区域金融产业的发展壮大与金融系统功能和结构的不断演化，金融空间组织也处于不断演化之中。Dow（1999）以 Chick 的银行发展阶段理论为基础，总结了市场经济条件银行业在不同发展阶段的空间形式，将银行业空间组织的演化分为六个阶段。但关于其他国家金融空间组织演化的研究则几乎没有。不同发展背景下金融空间组织的发展呈现什么样的路径，受哪些因素影响，经过哪些阶段，其动力机制对不同区域发展有何影响，不同金融空间组织的相互作用等问题，还有待进一步研究。这方面可借用区域经济学关于空间结构的研究进行分析。

自历史发展角度，金融空间组织的形成起始于社会分工的出现。金融产业形成出现后，伴随金融产业的发展壮大与金融系统功能和结构的不断演化，金融空间组织也处于不断演化之中，其演化过程与区域空间结构的演化有类似之处。沿用区域空间结构理论研究成果，可将金融空间组织的演化划分为以下阶段：据点式发展阶段，地方分割、分散发展阶段，市场一体化和集聚发展阶段。其后的发展是否如区域空间结构理论所预示的空间一体化或网络化多层次极化空间结构还有待观察（甄峰，2004）。

2. 外生性

金融系统发展对国家经济安全具有的战略性意义，使政府往往对金融系统实行较严格的控制。加之现代金融发展的扩散性，金融机构的建立、金融工具的产生及金融管理制度的形成表现出极强的趋同性和模仿性（Strange，1997），使金融空间组织的演化表现出较强的外生特征，打上深深的制度烙印，并非都是市场经济自然发展的结果。

3. 多样性

与外生性相连，金融空间组织就具有了多样性特征。不同的国家、不同的金融管理制度和不同的发展背景中，金融空间组织模式存在重大差别。一些国家形成了集中化的金融空间组织，如英国，以及深受英国法律和实践影响的加拿大、澳大利亚、南非和一些发展中国家如智利。而另外一些国家，则以地方性银行为主，形成比较分散的金融系统，国内各区域间差别不大，市场集中度低，如美国、德国和日本。同一国家不同时段所实行的调节法规不同，金融空间组织也不同。例如，美国在西部开拓时，由于与东部已开发地区的金融中心距离遥远，便鼓励建立地方或州域银行系统，并由此建立了相关法案，各州也通过相关立法限制跨州银行发展。在此背景下，形成了美国地方和州域银行系统。但到20世纪70年代，各州开始逐步放开对金融的限制，特别是1974年《里格-尼尔法案》（Riegle-Neal Act）的实行，使得银行跨州设立分行的限制开始松动，不需经由多家银行控股或各州互惠的方式，即可达成跨州经营银行业务的目的，从而带来了全国性银行系统的发展（李小建，2006）。

## 三、金融空间组织演化机制

演化形式的背后都有其动力机制。从根本上、微观上说，是金融机构和金融资本对不同空间潜在利润的追逐导致金融空间组织不断发生变化。正如迈克尔·

哈特和安东尼奥·内格里（2003）在《帝国》一书中表述的，资本的本能是流动，帝国主义为了满足资本的本能，只好重新塑造新的地理空间。同时在新的全球化、网络化、信息化背景下，金融空间组织演化，深受全球化、技术进步、制度变迁、金融需求、金融危机等外生宏观因素的影响。这些外生宏观因素通过竞争和监管影响着金融机构的利润函数，从而影响金融空间组织。其中金融危机属于偶然性因素，非经常起作用因素，但其一旦爆发对金融空间组织的影响是深远的，并会引发金融监管和经营管理制度的重大变革。这些宏观因素与微观因素相结合，通过金融机构的区位选择和金融资本的流动与固定，决定着金融空间组织的演化方向。图 3-1 反映了全球化、信息化、网络化时代，金融空间组织演化的动力机制。

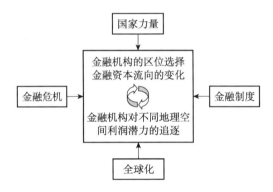

图 3-1  金融空间组织演化的驱动力与驱动因素

（一）金融空间组织演化驱动力

金融空间组织的变化起源于金融机构区位选择和金融资本流向的变化，而金融机构区位选择和金融资本流向的变化又在于不同区域潜在利润不同。在金融资本和金融机构对利润的追逐过程中，金融空间组织得以形成演化，这构成金融空间组织演化的微观原始驱动力。戴维·哈维曾对资本力量与空间改造的理论给予了深刻分析。世界生产无非是空间障碍的消除，战争实际上就是空间的重新配置。"控制空间和时间在追求利润中是一个关键性的要素"，"资本的伟大本能就是要穿透各种空间障碍，这实际上是全球化的动力，资本要不断地寻找新的地盘，不断地将非资本领域资本化。空间就是在这样的资本贸易力量下得以重新铸造和组织。空间自身的固有障碍在资本的流动本能之下崩溃"（戴维·哈维，2003）。为追逐利润，金融资本总是不停地运动，一方面寻找更安全的市场，倾向于富有的权势群体，抛弃贫穷的弱势群体，即 Leyshon（1997）所谓的趋富性质；另一方面寻找金融体系管制空间地理非连续的狭缝区，向金融资产移动约束较小，金融交易官方监管较小，税收较低，潜在利润较大的地方移动（Martin，1999）。在面临新的盈利机会与系统风险时，金融系统总是能不断重构其空间组织以应对变化。其中金融机构对管制空间漏洞经济和地方集聚经济的追逐最为典型。

正是对于金融管制空间"漏洞"的追逐，导致离岸金融中心的兴起（Hudson，1999）。第二次世界大战后的 30 年，国家宏观经济管理以凯恩斯主义为代表的干预主义思潮占据主导地位，干预主义大力倡导对金融业的严格管制和征收较高税率。面对苛刻的监管和沉重的税收双重压力，金融机构和金融资本不断寻找出路，在此过程中离岸金融市场形成。欧洲美元市场的兴起和巴哈马离岸金融中心的繁荣很大程度上是由于美国和其他国家严格的金融监管制度。欧洲货币市场兴起之初，资金主要来源于美国大银行，并且集中于伦敦离岸市场。20 世纪 70 年代，由于英国政府加强了对外国银行的监管，很多金融活动又转向管制较少的离岸金融中心，如新加坡、巴哈马、开曼群岛等。1964 年美国银行仅有 181 家海外分行，而到 1973 年增加到 699 家，增加了 2.86 倍，其中 199 家位于加勒比离岸金融中心。这些注册地离岸金融市场的兴起与避税密切相关，因为这些地区的金融监管几乎没有。90% 以上的跨国银行通常不在注册地开展存贷业务，仅是"空壳"机构，没有设备、人员和办公地址，主要是为了逃避各种税收（钟红和齐文，1995）。

20 世纪 80 年代以来的金融放松管制和 90 年代以来的金融购并浪潮，使巨型、全能型跨国金融机构不断出现，金融全球化快速发展。然而与地理学终结理论的观点相反，跨国金融机构再次表现出向国际金融中心的集聚趋势，以接近专业化市场，利用集聚和地方化经济（专业化的劳动力、专业知识、接触、商业网络等）或对其运行和活动进行地理专业化（Martin，1999）。

（二）金融空间组织演化主要驱动因素

1. 金融危机

金融危机一出现，金融业的反应便是抛弃风险区的固定和可变资本投资，同时将金融活动重新集中或重新布局到其所认为的安全区域，重构其空间运作以应对危机（Leyshon，1995，2004）。因此，国际金融空间组织大的转型总是从金融危机的爆发开始。这样空间转型过去 20 年间发生过多次。

1980~1985 年，当发展中国家债务危机爆发后，世界前 100 位银行关闭了其在欠发达国家 24% 的机构，致使资本流动由原来的从工业化和富裕的石油国家流向拉丁美洲、非洲、亚洲的发展中国家转向在世界三大工业化国家板块——北美、欧洲、东南亚之间密集流动，国际金融系统的组织日益集中在三大金融协调或金融指挥中心——伦敦、纽约、东京，导致世界的大部分地区无法接近国际金融体系。与 20 世纪 70 年代国际金融空间组织的包容性（inclusive）相比（这一时期大规模的货币流动是从工业化和富裕的石油国家流向拉丁美洲、非洲、亚洲的发展中国家），危机之后国际金融空间组织多了一些排斥（exclusive），大部分发展国家被排除在国际金融体系之外。金融资本自欠发达国家撤退引起了 Corbridge 所称的失去的十年发展（Corbridge，1993）。20 世纪 80 年代后期许多核心资本主义经济爆发了发达国家的债务危机，为了应对危机北美和欧洲经济开始了新一轮的金融体制重组，主要资本主义国家如英国、美国实施了广泛的银行分支机构关闭计划，调整信用方向，抛弃贫穷社会群体，转向富有群体，出现许多有利于富有的、权势群体的新型金融工具，导致金融空间组织的重构和新的金融排斥地理。也有学者对 1998 年东南亚金融危机中地理尺度的重构进行了研究。Beaverstock 和 Doel（2001）分析了东亚金融危机的空间体系结构，认为东亚金融危机对银行业的区域运行具有重要影响，指出了由这场危机产生的关于全球金融系统的两个主要地理学上的争论：①全球投资银行成为一地区金融系统空间结构的重要角色。②全球投资银行深入其他地理范围内的市场规模和多样性表明，它们能比东亚当地银行更好地、更有效地处理危机。当前席卷华尔街乃至全球的这场金融危机，将会对全球金融空间组织产生什么影响，还有待观察。但华尔街显赫一时的金融巨头，贝尔斯登、美林、雷曼、摩根士丹利、高盛等的轰然倒塌，日本株式会社三菱日联金融集团出资收购美国第二大券商摩根士丹利公司 10%～20% 的普通股，野村证券成功竞得雷曼的亚太和欧洲业务，"买下华尔街"的"豪言壮语"等①，似乎预示着全球金融空间组织的重构已经开始。

### 2. 金融制度变迁

国家在金融空间组织演化过程中的作用表现在两个方面：一是设置金融管制空间边界，形成市场分割；二是调整金融机构的利润函数，影响金融机构的区位选择和资本流向。前者和严格的金融监管相连，后者和温和的金融调节相连。

严格的金融监管产生于 1929～1933 年的全球经济大危机之后。危机之后，受凯恩斯主义的影响，美国等西方国家的政府采取严厉的管制和积极的市场干预，来促进经济的复苏。在当时的特定背景下，金融管制对维护市场信心、保护经济安全，以及促进金融机构的发展，起到了至关重要的作用。各国都采取严格的金融管制，如阻止外国银行给国内借款者提供服务、建立分支机构、收购地方银行，限定国内金融机构的空间扩张和行业扩张等。严格管制形成了金融市场的

---

① 世界金融危机．经济观察网，http：//www.eeo.com.cn/crisis/。

空间分割，也阻止了系统性危机的空间扩散。

随着经济的发展，严格监管的弊端日益显现出来：其一是监管成本日渐提高；其二是造成金融市场配置资源效率大大降低；其三是削弱了本国金融业在国际上的竞争力（吴清，2002）。放松管制（deregulation）成为金融业继续发展的一种必然要求。从 20 世纪 70 年代开始，一场开始于美国和英国的放松管制浪潮（也有称再管制）席卷全球，并迅速传递到其他发达和发展中国家。众多国家被锁定在一个"竞争性放松管制"过程中，比赛着将货币、金融自第二次世界大战后几十年建立的管制结构中解放出来。正如 Martin（1999）所说："一旦这个自由化过程开始，没有哪个国家敢冒险再对其金融中心实行繁琐的管制或控制，害怕被其他管制较少（或更具竞争力）的中心抢走金融业务。"放松管制大大推动了西方国家金融业的发展，也使原本各自独立运行的各国金融日益融合在全球金融的大网之中，成为全球金融市场的一个有机组成部分，国际金融和国内金融界限日益模糊。放松管制也使全球范围内的兼并活动非常活跃，超大型、大型混合经营金融机构不断成长，这些大型金融机构拥有较强的市场势力，不仅有其特殊的地理分布，也在金融资本流动地理建构中发挥极其重要的作用，甚至在创造投资地理的同时创造着一种把某些地方排除在外的新地理。

在国内金融空间组织变化方面，制度的影响也是巨大的。例如美国，由于联邦政府的政治限制，单元（州）银行系统得以存在，限制了纽约银行业的势力，在这种系统里州立法限制银行在州外设立分支机构，甚至就不让设立分支网点。20 世纪后期美国解除银行业地理管制，导致美国银行地理由地方分割的单元制银行系统向市场一体化的全国性银行系统转变。发展中国家内部，伴随着金融自由化改革和外国金融机构的进入，形成了双层金融系统。一层是与全球金融市场紧密相连的大型金融和产业公司，另一层是服务于中小企业和家庭的地方、区域金融，后者由国内银行提供，导致金融资源的接近性高度不平衡，加剧了国内经济发展机会的差异（Sharma and Reddy，2002；Christopherson and Hovey，1996）。改革开放以来，中国金融制度也经历巨大变迁，特别是 20 世纪 90 年代后期基于国际竞争压力和国内经济发展需要，中国开始了真正的金融市场化改革，金融机构网点的大规模撤并伴随金融监管制度的巨大变化，使金融空间组织发生较大变化。

全球范围内的放松管制浪潮大大推动了西方国家金融业的发展，也几乎消除了大部分的管制空间和市场分割，既为全球金融空间一体化发展和资本全球流动解除了制度障碍，也为国内金融市场的整合和一体化发展奠定了制度基础。放松管制之后的金融管制制度趋向温和，以调整金融机构的利润函数为手段，不断影响金融机构的区位选择和资本流向，从而实现国家对金融空间组织演化的干预。

债务危机的爆发和政府金融管制制度的巨大变化为金融空间组织的转型提供了契机，但其并不是经常发生，并且两者往往紧密相连，债务危机爆发后往往是金融管制制度的巨大变化。

### 3. 技术进步

交通通信技术对金融空间组织的直接影响传统上主要体现在对与距离有关成本的影响上。高的距离成本形成高的交易成本，从而形成金融市场的区域分割和分散化金融空间组织。与距离有关成本的降低，会形成更大范围的市场，带来金融市场的一体化发展和金融空间的同质化。20世纪80年代以来信息数字化和网络计算机技术带来的通信革命，以及在此基础上的金融创新使金融机构的区位选择灵活性大大提高，金融资本流动的空间技术障碍不断被消减，也使远程通信成为区域和国家获得比较优势的基础。技术进步对金融空间组织的影响具体表现在以下几个方面。

(1) 区域金融市场的连通性大大增强。远程通信通过网络将遥远地方的金融市场相连，兆亿美元瞬间移动全球，带来前所未有的时空压缩过程（戴维•哈维，2003）。一方面使金融资本流动日益摆脱了空间障碍束缚，另一方面使各国、各地区的金融活动越来越具有全球性。

(2) 金融服务功能的分化。信息处理技术的进步打破了金融机构传统的部门化分工体制，组织结构被分为两大系统——前台系统和后台系统。前台系统为一线作业与服务部门，直接与顾客打交道，包括金融机构的各类经营性网点；后台系统主要承担数据处理、清算等支持功能，包括集中化的数据处理中心和票据中心等。尽管区位、地方环境对前台一线机构依然重要，但后台支持功能的区位选择具有很大的灵活性，逐步向办公成本较低的郊区或中小城市、大都市区的卫星城市转移。

(3) 出现了新的金融服务形式、交易方式。例如，呼叫中心、网络银行、电话银行、各种信用卡、电子基金转移、屏幕交易等，不仅改变了货币和金融的形式，也改变了金融交易进行的方式和金融机构的性质，极大地降低了交易成本和缩短了转账时间。这些新的金融服务形式和交易方式对区位条件的要求很低。

(4) 推进金融创新。金融衍生产品是金融与现代科技完美结合的产物，同时也是金融全球化的推动力。根据交易的特征，全部金融衍生工具可分为远期、互换、期货、期权等四类。金融衍生产品市场的发展，打破了银行业与金融市场之间、衍生产品同原生产品之间，以及各国金融体系之间的传统界限，从而将金融衍生产品市场的风险传播到全球金融体系的每一个角落。全球金融资本的流动形式，从银行信贷为主，转向了以可在公开市场上交易的债务工具为主，银行本身的收入结构也由信贷业务转向了证券业务，融资证券化的趋势大大促进了全球金融市场的繁荣和联系的紧密度。新型金融工具和融资证券化更容易使金融业摆脱空间距离的约束。

### 4. 经济全球化

世界经济的全球化发展，向金融服务业提出了提供全球化金融服务的要求。国际贸易的发展需要金融机构提供国际结算和融资服务；国际直接投资的快速增长为金融机构的多样化融资服务和全球咨询业务展开了巨大的施展空间；剩余资本的国际化流动更是为金融机构的全球化业务提供了发展机遇。而信息技术的飞速发展带来的金融机构管理成本和交易成本的大幅度下降，跨国经营风险控制的容易实现，以及持续的放松金融管制特别是放松市场准入的地理限制，则为金融全球化铲除了技术、制度障碍。由于货币的容易传递性和可兑换性，近几十年来金融领域的全球化最为突出（Martin，1999）。金融市场一体化程度不断提高的同时金融市场日益不稳定，竞争日益激烈，国际范围内金融机构并购重组频繁发生，超大型全能型金融集团不断出现。

其产生的空间结果一是地方空间日益与全球空间相连。金融全球化使全球金融活动和风险发生机制联系日益紧密，地方化的金融危机可以快速传播，影响广大地域空间，同时地方也更容易受遥远地方的冲击，形成区域发展中的"蝴蝶效应"。二是金融空间结构的非均衡效应。在世界层面上跨国金融机构不断向国际金融中心集聚，国际金融中心的地位不断提升；国家内部金融中心等级体系也在形成。在这种等级地域动力机制下，凸现一些关键性地区（如国际金融中心）的金融控制、管理功能，以及在国际金融经济关系中扮演的重要角色。三是资产规模巨大的机构投资者和跨国金融机构对地方发展影响显著。机构投资者，又称"资产管理者"，是从事大规模证券交易的机构。国际清算银行把机构投资者分为集体投资机构、保险公司和养老基金三类。机构投资者为全球金融市场的积极参加者和主要玩家（Clark，2000）。随着机构投资者所管理的资产规模越来越大和日益深入地进入全球金融活动，对市场的稳定产生诸多不利影响，也使区域金融资源分配中的不平衡更加突出（Clark，2000；Martin and Minns，1995）。在现代通信和电子技术条件下，调动巨额资金只需打个电话或按一下电钮，天文数字的交易瞬间就可完成。因此与生产制造跨国公司不同，金融机构的扩张并不仅仅依赖于物理性的扩张。金融机构进入一个地区的市场特别是开展批发性业务如银团贷款、证券发行、购并咨询等，只需要通过现代通信或交通手段即可完成金融交易。

金融全球化使民族国家政府对国内金融经济的控制与调节力下降（Warf，1999）。制造业全球化也曾导致民族国家政府权力下降，但相伴的是区域对外界压力的强烈反映和权力上升，如产业集群的兴起、地方环境和制度体系对区域经济空间区位的影响（Amin and Thrift，1996）。但在金融全球化浪潮中除世界城市，其他地方并没有多少谈判权。发展中国家，尤其是新兴市场国家日益成为游资肆虐的对象。地方的意义只在于以其不同的经济发展阶段进入世界金融市场的难易和在大区金融空间组织中的地位。一般认为，伴随区域经济的快速发展，区域对金融服务的需求将增加，由此带来区域金融的快速发展，落后的区域经济发展伴随着的是落后的金融发展，区域的发展潜力和发展阶段将会影响区域在大区金融空间组织中的地位。

# 四、全球金融空间组织特征

在经济金融发展的不同时期，金融空间组织理应呈现不同的特征，演化速率存在重大差别。受制于交通通信技术和相对封闭的国家间、地方间关系的制约，长期以来金融空间组织的演化速率一致较慢。也正是由于长期缓慢的金融空间组织演化，才有了"金融景观同质性"假设。20世纪七八十年代以来，伴随着资本主义经济由生产资本驱动的福特制向全球的、金融驱动的后福特主义的转型，资本和空间关系发生重大变化（Warf，1999），金融空间组织的演化速率大大加快。正如Leyshon和Thrift（1997）所说："这个后国家金融体系与早先的基于国家范围的金融体系相比，活力和流动性都更大了。它的边界在不断变化着，时而扩大，把新的地区卷入全球的金融交易过程，时而收缩，从一些中心地点和空间撤走。"在此转型过程，金融空间组织呈现复杂的集聚与扩散、包容与排斥、空间趋同与地理多样性并存等趋势。在以信息化、网络化、全球化为特征的新经济背景下，金融空间组织的演化表现出以下四种趋势。

## 1. 主流金融空间一体化

金融空间日益由流动主导。"资本从束缚它们的技术、政治障碍中解放出来，不仅仅是流动了，而且是高度流动。"（Warf，1999）就资本流动，Held等（1999）指出了这样三个独立又相互交织的过程：①时间压缩过程，资本已变得高度流动；②空间压缩过程，高度流动的资本日益在无边界或无缝的世界漫游，寻找投资机会；③无家或无国别货币的出现。这使金融空间表现为显著的非根植性（disembedding）（Leyshon，1996，2004），金融系统的权力和地理扩张形成社会关系在空间上的同质化，使经济空间收敛（convergence）于金融资本要求。流动空间（Castells，2000）和一种以流动为基础对货币空间进行研究的模式（本杰明·科恩，2004）日益成为理解现代金融空间组织形成演化的有效工具。金融空间日益由各种社会空间，由金融交易和关系网络来界定，而不是由政治疆界、地域边界界定。

在各种金融流动冲击下，地方失却了它的完整性和独特性，民族国家退却，地域不再重要，所有的空间在资本新的组织逻辑下被连接起来。一方面，国际金融一体化趋势显著，各国各地区的金融资源、金融市场、金融活动高度融合，互相影响，金融产品价格之间的联动性大大增强，各国金融制度表现出趋同趋势。另一方面，为了应对激烈的国际竞争，各国纷纷打造本国的金融业巨头，消除区域分割建立国内统一市场，使国家内金融一体化趋势也非常显著。

2. 空间等级特征显著

在金融空间组织发展的早期阶段，地方分割状态的发展模式使空间等级特征并不显著，随着金融一体化和全球化的推进，金融空间组织呈现出越来越显著的空间等级特征。Wheeler（1986）对美国主要公司和金融机构的空间联系进行研究后，发现公司会超越都市等级寻求银行服务，如他们更多与较高等级都市中心联系，而不是较低都市区；大公司与小公司相比，更多与城市等级中的上层城市联系。Parr 和 Budd（2000）将修正后的中心地理论应用于英国金融服务业空间组织，发现金融服务活动按等级结构进行组织。Shearmur 和 Alvergne（2002）对巴黎 17 种高端服务业区位模式的研究发现，金融服务业全球总部功能区位仅限于中央巴黎，专门为地方商务服务的分支机构位于巴黎和较大的次中心，定位于消费服务的小分支机构则分散在整个区域。Poon（2003）研究了 43 个世界城市 1980～1998 年资本市场的空间组织和演化，发现世界金融资本城市的等级倾向不断加强。我国学者从城市职能角度，将城市划分为金融支点、金融增长极和金融中心三种金融级别类型，城市间的空间联系表现为不同金融等级城市间的垂直联系和同一金融等级城市之间的横向联系（但金融支点除外）（张凤超，2005）。

在空间等级化过程中，金融中心的地位不断上升，日益成为金融空间组织的节点和核心，通过这些节点地域参与金融空间组织。同时，节点与核心根据它们在金融空间组织中的相对地位形成有层级的空间结构。Daly（1984）从全球视野将金融中心分为全球、地带、区域、国家金融中心，其重要性依次降低。其中国际金融中心处于全球金融空间组织的核心，为全球金融的控制中心和高级功能中心（Castells，1998；Sassen，2001）。全球金融资产、跨国金融机构不断向国际金融中心集中（Clark，2002；Leyshon and Thrift，1997）。世界各金融中心的交易量不断增长，在时间和空间上更加紧密地联系在一起，形成全天候的全球运营网络，全球性的资金调拨和融通在几秒钟内就可以完成。地方金融发展越来越受金融中心的影响。

向全球的、金融驱动的后福特主义的转型提升了世界城市的地位，包括纽约、伦敦、东京、巴黎、多伦多、洛杉矶、奥斯陆、香港、新加坡等。以金融业为基础的城市专业化发展迅速。

**3. 黏性金融地方竞争激烈**

在地方层次，金融空间一体化加剧了地方之间对资本的竞争，一个流行的口号是"良好的商业环境"（a good business climate）。为了使资本驻留，跨国金融机构进入，很多地方采用放松管制、私有化、税收减免或优惠、补贴、环境控制放松、社会开支压缩等措施，出现了众多热衷于拍卖自己的地方团体（localities），他们纷纷采用外向开放战略，以更加热情的方式适应全球资本（Warf，1999）。同时，地方更加注重差别化因素的建构，如社会资本、地方氛围、地方文化主题发掘、区域形象设计等，以应对全球竞争。金融地理学关于金融机构集聚的解释研究也逐步形成了一股强调地方文化社会因素的潮流（Thrift，1994；Tickell，1999；Polèse，2004）。

尽管有一些学者强调地方积累体系，以及差别化和路径依赖等地方黏性力量对金融资本的影响（Cooke and Morgan，1998），但金融资本的流动本性，使它与地方联系微弱，地方依赖并不是资本的普遍特征（Warf，1999；Clark and Wójcik，2005）。很多金融公司，如抵押银行和保险公司，的确依赖特殊地方的投资和客户，然而大型以货币为中心的银行、证券公司、商品经纪行、外汇投资机构等，业务遍布全球，而不是在地方，地方依赖可能并不占优势。Agnes（2002）对澳大利亚保管银行的全球化和地方根植性进行研究后，发现成本压力、电子信息处理系统、电子网络使得地方（城市内的）根植性对悉尼金融区并不重要；银行间的生产网络和信息流动通过电子网络进行，在全球尺度协调，而不是在地方尺度（城市内部）；而且这些正式的网络并不是由根植性的社会关系和非正式的信息交换支撑；高级保管人（管理人）是在国家尺度理解地方会计和证券体系，提供客户服务。在金融资本全球高速流动，金融空间一体化占据主流的背景下，资本与地方关系朝向有利于金融资本的方向发展。面对高速流动的金融资本，地方并没有多少主动权，相反更容易受到冲击。

**4. 另类金融空间形成与出现**

在全球金融空间一体化和同质化过程中，一些地区却游离于主流金融空间之外，形成另类金融空间，如金融排斥空间和地方货币系统。金融排斥指阻止某些社会群体和个体接近金融系统的过程（Leyshon and Thrift，1997；Leyshon et al.，1997），主要集中在大城市的贫困区域和乡村，其对象一般是小型企业和少数民族客户。最初金融地理学主要关注金融危机之后，金融设施从某些区域撤出后引起的某些群体或区域无法接近主流金融系统的过程，以发达国家内部的金融排斥研究为主。随着研究的深入，一些学者开始在更广泛的社会排斥、社会分割背景下研究金融排斥空间，认为金融排斥还包括价格排斥（price exclusion）、条件排斥（condition exclusion）、营销排斥（marketing exclusion）、接近性排斥（access exclusion）、自我排斥（self-exclusion）（Kempson and Whyley，1999；Collard et al.，2001）。发展中国家金融排斥研究也逐渐增多（Christopherson and Hovey，1996；Sharma and Reddy，2002；Biles，2005）。

地方货币体系（local currency systems）是采用一种独立的地方货币使消费、生产和交换在地方循环，目的是让被正式经济里的社会经济再生产关系阻止的生产、消费和交换过程，通过使用一种独立货币在地方得以方便进行。在发展中国家和工业化国家的贫穷或乡村地区，即一些资本主义虚弱甚至消失，逐利金融系统抛弃和忽略的地方，可以发现诸多这样的例子。地方货币体系的出现意味着在主流金融制度之外，另类金融制度的出现和成长（Aldridge et al.，2001；Williams et al.，2001；Lee et al.，2004）。这一另类金融制度具有特殊的空间含义，首先地方货币系统中的交换以面对面为基础，商品流通的速率变化很大，价值剩余全部留在地方，这使金融交换重新根植于地方；其次作为对主流经济矛盾和感知到的疏远的地方反应，地方货币体系以重建地方社区为基础，代表着构建独立的、地方自治的经济地理的努力，形成主流金融空间同质化过程中另一种空间固定（Leyshon，2004）。这类似于早期在制造业领域发生的非工业化过程（Martin，1999）。

## 第二节　金融空间组织区域影响的两种观点

在理论方面，依据货币金融领域和真实经济之间关系的两种观点——货币和金融系统对生产经济的影响是中性的还是非中性的，关于金融系统的空间组织是否影响区域发展，会有不同的结论（图3-2）。依据货币金融的中性观点，金融系统的空间结构对区域融资或区域内的企业接近金融资源没有影响，或者说金融系统的空间结构并不重要，重要的是区域的经济活力和对金融的需求。依据金融非中性观点，金融系统并不是仅仅根据风险受益率（risk-return profiles）分配资金，因为非对称信息、代理、不确定问题等往往是融资公司和金融机构之间物理距离的函数（Porteous，1995），这样金融系统是集中还是分散，以及融资企业的区位对获得资金具有重要影响，并由此影响区域经济发展和稳定（McPherson and Waller，2000）。

多数实证研究证明后一种观点，即金融系统的地理集中或分散对不同区域的发展或不同区域内企业获得或接近金融资源有重要影响。Chick 和 Dow（1988）、Dow（1990，1994，1999）提出了区域金融市场一体化的累积因果关系理论，认为区域金融市场的一体化，从长期看会加剧经济体内的核心-边缘结构，不利于边缘区的小公司接近金融。原因在于，边缘区经济动荡不安，对金融资产高流动

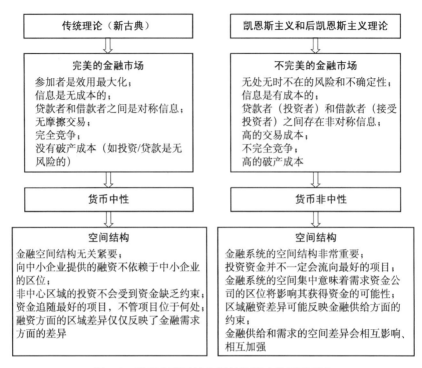

图 3-2 关于金融系统空间结构影响的两种观点

资料来源：Klagge 和 Martin（2005）

性偏好使边缘区的经济行动者更愿意持有中心交易的金融证券，因为这些证券流动性高。当边缘区的资金流出以购买中心区的物品或证券时，区域储备基数会变小，而全国性银行是以一个暗含的区域储备率为基础分配可贷资金的，这会使全国性银行不愿意为边缘区的经济行为者提供信用。较少的信用工具意味着边缘区低的经济增长，而这反过来又会降低下一期的信用需求，由此形成一个累积过程。因此，从历史角度看，随着金融系统经过不同的发展阶段（开始于纯粹的金融中介慢慢演化为现在的证券化）进入市场一体化，金融系统会不断走向空间集中而进入核心-边缘结构，这意味着不利于边缘区的小公司接近金融。

Klagge 和 Martin（2005）对资本市场地理结构和中小公司融资问题进行了研究，认为高度集中的金融系统如英国会引起空间偏见，资本不容易流向中小企业，地理分散的金融系统、拥有规模适当和根植性强的区域或地方机构、网络、市场集群，可表现出多方面的优势。不过如德国的案例分析表明的，资本市场地理结构的实际影响依赖，或者受其他组织和管制条件的影响。

Martin 等（2005）对英国、德国两个国家的风险资本公司的研究表明，两国的风险业都是空间构成的（spatially constituted），风险资本公司倾向于集中在可识别的集群里，他们的投资结果表现出明显的空间邻近效应，投资不成比例地集中在风险资本公司的主要集群所在区域。风险资本家自己争辩道他们在做决策时并未有意识地歧视某个区域，很多人承认筹资和交易规模差距的存在，但不承认区域差距的存在，但他们对项目风险的感知却是区域敏感的。

Sokol（2007）以爱尔兰为例的研究表明，金融一体化有助于消除爱尔兰和欧洲的发展差距，但同时扩大了爱尔兰的内部区域差异。

# 第三节　金融空间组织对地方经济发展的影响

在经济、金融全球化背景下，金融一体化表现特别强劲，金融资本流动日益摆脱区域、国家地理边界，在无缝市场内寻找投资机会；大型金融机构成长带来的市场集中度提高、集权化管理和组织结构扁平化又加剧了资金的跨区域流动，区域竞争激烈，全球、国家金融地理处于不断变动和重组之中。地方在国家、国际金融空间组织中的位置，成为影响区域发展的重要因素：一方面决定着地方是否容易获得各种资源，从而直接影响区域经济增长；另一方面作为一种空间结构力量，影响区域金融发展，使地方金融发展与地方经济增长的关系变得更加复杂。

## 一、金融空间组织与地方金融发展

金融发展理论表明，伴随地方经济的发展是地方金融的发展。但作为一个动态过程，在新的经济、金融全球化背景下，金融一体化力量表现特别强劲；金融资本流动日益摆脱区域、国家地理边界，在无缝市场内流动寻找投资机会；大型金融的成长带来的市场集中度的提高和金融机构资金运营的集权化管理又加剧了资金的跨区域流动。在金融空间一体化，资本快速流动背景下，金融空间组织作为一种外部结构力量，对地方金融发展的影响越来越大，地方金融发展与地方经济增长的关系将变得更加复杂。

基于资本的快速流动，金融全球化和一体化彻底动摇了以固定地理边界为基础的民族国家、区域和所有组织的既有形式，一种流的空间出现，其包括以经济金融全球化为基础，以全球城市为节点的全球金融空间，以及以国内金融市场整合为基础形成的一个以国家金融中心为节点的国家金融空间。流的空间形成地方金融发展的外部环境，并对地方金融发展产生一定的"激励"或"滞缓"影响。那些位于金融空间组织有利位置的地方有更多的机会接近、吸纳各种机遇与金融资源，从而在地方金融发展中拥有竞争优势。而那些在金融空间组织中占据不利位置的地方，则面临资金抽取、空间信用配给甚至面临被边缘化、被抛弃的倾向，地方金融发展环境较差。

具体来说，金融一体化和流的空间的出现为地方金融发展带来两个问题。一是流动性问题，国内外的经济主体可以不受任何限制地进行金融资产交易活动，地方所获得的金融资源不稳定性增加。二是替代性问题，国内外的金融资产具有高度的替代性，金融空间的一体化和快速技术进步尤其是通信和信息技术使大型金融机构服务的地理范围不断扩大，也使现代很多金融活动非地方化，这使很多地方金融服务面临区外金融服务的替代，地方金融发展动力不足。

## 二、金融空间组织与地方经济增长

自地方经济增长看，金融空间组织主要影响地方经济效率和资本获得，特别是信用获得。当大区金融空间组织发生变化时，其在地方表现为两个方面的变化：第一是地方金融服务供给的变化；第二是金融资本在地方的流动变化。这两个方面的变化通过地方交易成本、地方信用需求、地方信用获得三种渠道影响地方经济发展（图 3-3）。我们将处于金融空间组织中的地方划分为两种类型，一种是在金融空间组织变化中处于核心区，拥有优势的地方，另一种是在金融空间组织变化中被边缘化的地方，我们重点分析后一种类型的地方。

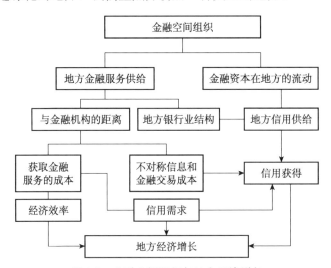

图 3-3　金融空间组织与地方经济增长

接近金融服务对现代经济非常重要，当银行大量关闭一地方的机构网点时，将会给地方带来以下两方面的影响：一是影响地方银行业结构，二是影响与金融机构的距离。当大型银行从一地方撤出或减少在地方的设施时会使地方银行结构发生变化，本地银行机构将成为地方的主要金融机构。虽然从理论上讲本地银行与全国性银行相比，与地方经济和社区的联系更密切，来自地方的资金用于地方，没有外流，保证了区域的信用获得。然而欠发达地区的地方性银行大多处于银行发展早期阶段，受自身形成机制、经营管理、业务水平、综合素质和资金实力等方面的原因，往往处于银行业发展的低级阶段，信用创造能力较差（Dow，1999），无法满足本区信用需求。当非地方金融机构不愿意给地方贷款，而地方机构无法提供足够信用时，地方信用获得不足就会产生。

地方大量银行网点撤并，会使融资企业和家庭与金融机构的距离增加，这首先会影响区域经济效率。密集的金融机构网点和金融服务方便了生产和生活中的支票转账、票据汇兑、支付兑现等交易活动，从而提高了区域生产效率。相反稀疏的金融服务，给区域内的生产和生活带来诸多不便。严重的金融服务地理不平衡会加剧社会分割，形成金融排斥。金融排斥属于社会排斥的子集，被金融排斥的居民常常会在其他方面被否认和排斥，从而进一步加深了其他方面的社会排斥（Kempson and Whyley，1999）。其次会抑制地方对信用的需求，因为融资企业与金融机构距离的增加，意味着获取金融服务或信用成本的提高。地方信用需求不足会降低地方经济增长。而且长期的信用需求不足和较低的经济增长又会降低银行对地方经济的心理预期，银行会进一步压缩对地方的信用规模。最后，影响地方信用获得。由于信息非对称大多和距离正相关，区域内密集的金融机构意味着企业与金融机构的距离较近，这将减少两者之间的信息非对称，增加金融机构给地方的信用供给。相反，当金融设施自某些地区撤出时，金融机构关于这些地区的第一手信息也将不断减少，地方信息缺乏使贷款行为越发保守，尤其是给贫穷或偏远地区的个人或企业贷款时。缺乏正式金融设施迫使这些地区更多地依赖非正式信用渠道，后者一般比较昂贵。

金融资本流向变化对地方的影响首先是信用获得性问题，大量金融资本从地方流走，意味着资金抽取，这不利于地方信用获得和经济增长；相反大量金融资本流向本地则使地方的信用供给增加，有利于地方经济增长。其次通过地方商业银行的派生存款和信用创造过程，进一步影响地方信用供给。

# 第四节　结论与讨论

金融地理学的诸多研究表明，地理正成为理解金融系统的关键要素。伴随金融系统的演化发展，其空间特征也在不断变化。20 世纪 80 年代以来随着信息化、网络化的发展和资本主义经济由生产资本驱动的福特制向全球化的、金融驱动的后福特主义生产体制的转型，金融机构区位选择灵活性大大提高，金融资本流动范围扩大，速度增加，使金融空间组织的演化速率加快，金融系统的地理结构越来越不稳定。尽管全球范围内不乏金融空间组织的多样性，但主流金融空间演化的趋同趋势非常明显。

　　与制造业全球化导致的民族国家权力下降、区域权力上升及对外界压力的强烈反映不同，在金融全球化浪潮中除世界城市，其他地方并没有多少谈判权。地方的意义只在于以其不同的经济发展阶段进入世界金融市场的难易和在大区金融空间组织中的地位。来自微观金融机构对空间利润追逐的市场力量与全球化、信息技术发展、放松管制、金融危机等宏观外生力量结合，决定着国家、金融空间组织的形成与发展。

　　金融空间组织的存在和不断演化意味着，与金融发展理论表明的地方金融随地方经济发展而发展有所不同，地方金融发展还受空间结构因素的影响。地方在大区金融空间组织的地位将对区域金融发展产生重要影响。尽管近几年来，随着区域金融学研究的兴起，对地方金融发展及其与地方经济增长关系的研究逐步升温，但已有的区域金融学研究大部分沿用宏观金融发展与经济增长的总量分析方法，无法将空间结构变量纳入分析范畴，忽视空间结构因素对地方金融发展的影响。

# 第四章 中国银行业发展历程

由于中国经济的转轨性质，银行业的发展演化受制度变迁影响较大，总是制度变迁在先，其他变化在后。本章从制度变迁和空间组织演进两个方面分析中国银行业的发展。根据制度的变化，新中国成立以来我国银行业经历了五个发展阶段。在不同的发展阶段，银行机构的行为模式存在较大差异，银行业空间组织也表现出不同的特征。按照银行机构网点的空间分布和区域信用分配模式，可将我国银行业空间组织的演进划分为三个阶段：全国统一计划空间均衡发展阶段、地方政府干预下的地区分割阶段和 20 世纪 90 年代后期以来的市场一体化发展与金融空洞出现阶段。

与市场经济条件下银行业空间组织的演化路径不同，我国银行业空间组织的变化体现出显著的政府干预色彩。中央政府、地方政府和银行机构间的博弈形成了银行业空间组织的演化动力。20 世纪 90 年代后期以来，银行业市场化改革的实质性推进，扩大了银行业经营的自主决策权，银行机构开始在银行业空间组织的建构过程中发挥主导作用。中央政府通过调整银行机构的利润函数影响银行机构的区位选择和资金流动间接实现对银行空间组织的调控。随着金融资本、银行机构趋利本性的回归，中国银行业空间组织变化的内外市场力量才开始形成。

## 第一节 中国银行业制度变迁

新中国成立之初，中国建立了大一统的银行制度，中国人民银行为唯一的银行，具有中央银行和一般银行、国家机关和经济组织的双重性质，是全国的现金出纳中心、信贷中心和转账结算中心。改革开放以来，随着各类不同银行机构的设立和不断发展，中国银行业的产权结构、市场结构、机构构成也发生了巨大变化，逐步从单一的国有金融产权到多种产权形式并存。按照银行系统的构成、市场结构和信贷管理体制，可将我国的银行系统的形成与发展划分为五个阶段。

### 一、计划经济时期的大一统银行体制

与西方国家银行业随长期的产业分工发展而出现，银行业发展初期只是作为服务地方的金融中介出现（Dow，1999）不同，中国一开始就建立了全国性的分

支银行体系。中国人民银行是当时唯一的银行，具有中央银行和一般银行、国家机关和经济组织的双重性质，既是货币发行和执行金融管理职能的国家机关，又是办理信贷、储蓄、结算、外汇、保险等具体业务经营活动的经济组织，从而成为全国的现金出纳中心、信贷中心和转账结算中心。

在资金管理方面，实行高度集中的信贷管理体制，即"统存统贷"的资金供给制。我国从1953年开始建立集中统一的综合信贷计划管理体制，全国的信贷资金，不论是资金来源还是资金运用，都由中国人民银行总行统一掌握。一切存款的使用权集中到总行，各类贷款由总行按各季各分行核对指标，逐级分配下达，在指标内掌握贷款。基层银行不能擅自挪用组织的存款，不能自行决定对企业的贷款。这一制度运行了近30年，直到改革开放之初才有所松动。在这样的信贷管理体制下，中国人民银行各级分支行不是根据吸收存款的多少决定贷款的发放，而是根据总行下达的年度信贷指标吸收存款并发放贷款，只要有指标就能发放贷款，即使没有存款也可以进行。

国有企业实行统收统支的财务管理制度，盈利上缴、亏损补贴，以及企业资金筹措与使用主要通过财政统收统支单一渠道实现。企业的固定资产投资全部由财政拨款，国家对企业核定经常性的流动资金定额，定额内的流动资金也由财政拨付，只有少部分季节性、临时性的补充流动资金才由银行贷款来解决。在传统投资体制下，国家财政既要为国有企业拨付固定资金和定额流动资金，又要从事审批企业决算报表、固定资产报废核销、收取利润等经营性活动。

在信用形式上，只允许单一的银行信用存在，其他一切信用形式均被取消。尽管各地拥有数量不等的农村信用社，但其发展几经波折，合作性质不断弱化。至1977年信用社和银行营业所重新合并为一个机构，实行统一领导。信用社被定性为"是集体金融组织，又是国家银行在农村的基层机构"，演变为两重性的金融组织，合作制特征丧失殆尽。

这种大一统的以行政管理为主的国家银行体系，终极目标是服务于国家计划（尤其是中央政府重工业优先发展），为国家"守计划，把口子"（许秋起和刘春梅，2007）。这一银行体制一直运行到改革开放前。

## 二、中央银行与专业银行建立

这一阶段是自改革开放后到20世纪80年代中期。为了适应经济建设的需要，从1979年起，我国相继恢复或建立了中、农、工、建四大专业银行。1979年1月，为了加强对农村经济的扶植，恢复了中国农业银行。同年3月，为适应对外开放和国际金融业务发展的新形势将中国银行从中国人民银行中分设出来，直属国务院领导。中国银行为国家指定的外汇专业银行，同时行使国家外汇管理局职能。1984 年成立了中国工商银行，专业经营中国人民银行过去承担的工商信贷和储蓄业务。四大专业银行的建立使我国的银行体系发生了变化，由中国人民银行一统天下进入专业银行体系阶段。随着四大专业银行的分设，我国自1986 年实行二级银行制度，人民银行开始单独行使中央银行职能，重点管理全国宏观金融决策、信贷总量的控制和金融机构的资金调节，力求达到货币稳定，开始尝试运用存款准备金等货币政策工具来调节经济运行。

四大国有专业银行基本上是在国家政策分工所限定的地域和行业范围内开展活动，互不介入对方业务领域。银行体系的国有强制力保证了国家对信用的垄断，并消除了体制外的竞争，业务的互不交叉又消除了体制内竞争（巴曙松等，2005）。因此这一时期银行虽已初步形成一种产业，但没有明确提出产业化经营或企业化经营；而且从结构上看，虽已打破大一统的高度集中的银行体系模式，但仍由国家完全垄断。

在资金管理方面开始给予金融机构一定的信贷资金管理权和激励下层金融机构追求存款的吸收和经济利益。1979 年 2 月国家推出"统一计划，分级管理，存贷挂钩，差额包干"的信贷资金管理办法，试图冲破传统的集中分配信贷资金的体制，调动各级银行管好用好资金的积极性。差额包干确定了各级银行在存差完成、借差计划不突破的条件下，多吸收存款就可以多发放流动资金贷款。在此前提下，国家明确各专业银行和各级人民银行管理各种信贷资金来源和运用的责任和权限，以调动各级银行管好信贷资金的积极性，即"分级管理"。1980 年国家开始实行经济核算。1983 年银行系统开始实行"全额利润留成制度"，把各项指标考核与利润留成挂钩。但差额包干的信贷资金管理体制所创造的制度安排变迁空间是有限的。指令性计划指标管理仍旧没有突破，国家把资金按"条条"分给了专业银行，专业银行再分割为更细的"条条"包给下级行，层层包干，"条条"之间以及地区之间不能灵活调节，下层银行组织的活动受包干差额约束而不是经营约束，其行为具有很大的限制性和外部性（林波，2000）。

同时国家继续实行严格的信贷计划和规模控制。为了限制与中央政府偏好不一致的利益追求，中央政府对国有银行推行了严格的信贷规模控制，以及与此相联系的高准备金制度。1984 年，在中国人民银行与中国工商银行分设时，规定各专业银行要将一般储蓄存款的 40％、农村存款的 25％、企业存款的 20％和财政性存款的 100％作为存款准备金上缴中国人民银行。高的准备金比率，使中国人民银行大约控制了全国信贷资金的 40％～50％，极大地限制了专业银行的信用创造能力，强化了中央政府对金融资源的支配和控制能力（张杰，1997）。

这种体制的基本特征是：专业银行是国家的银行，是国家的独资企业，国家拥有单一产权。专业银行作为国有资本人格化代表，必须执行国家信贷计划或规模控制，必须保证国家重点建设资金需要，重点支持支柱产业，发放政策性贷款任务；在国家需要的时候，还必须对社会的稳定和发展负责（王柯敬等，1998）。

# 三、非国有银行机构成长

这一阶段大致从20世纪80年代中期到20世纪90年代中期。20世纪80年代中期之前，由于经济增长所需资金投入主要依赖财政，金融因素起着有限作用。从1985年开始，以"拨改贷"政策的推行为标志，金融因素特别是国有银行体系迅速成为经济增长的核心支撑力量，经济改革与发展正式进入"金融支持型"阶段。经济发展对银行服务和信用规模的需求急剧膨胀，银行业进入快速发展时期，银行网点资产规模急剧膨胀，银行机构多元化，竞争日益激烈。

1. 银行机构走向多元化

1986年，国务院批准重新组建交通银行，1987年交通银行正式营业。随后又陆续成立了十余家股份制商业银行。股份制银行成立以后，由于负债率低，包袱轻，机制灵活，市场化程度相对较高，因而曾备受中外投资者的青睐以及众多媒体的推崇，资产规模迅速扩张，经济效益明显增长，很快成为中国金融市场一支不可忽视的力量。

同时各个地区积极组建本地区的银行类金融机构，如信托投资公司、城市信用社和农村合作基金会等。我国第一家城市信用社1979年成立于河南省漯河市（当时为县级），1986年以后城市信用社的数量急剧增长，1989年达到扩张高潮。中国人民银行从1989年下半年起对城市信用社进行清理整顿，至1991年下半年结束。1992年后城市信用社又开始了新一轮的扩张。1994年开始，在中国人民银行的统一部署下，城市信用社逐渐被整顿、组建为城市合作银行，随后又被更名为城市商业银行。

农村合作基金会是主要依赖农户资金注入的准正规金融组织，其经营活动归农业部而不是中国人民银行管辖，20世纪80年代中期迅速兴起，并呈现星火燎原之势。到1996年，农村合作基金会的存款规模达农村信用社的1/9。然而由于普遍存在的高息吸存、内部管理混乱、基层政府行政干预及缺乏必要的金融监管，农村基金会很快出现了大面积的兑付风险，甚至在局部地区出现了挤兑风波。1996年，国务院发布《国务院关于农村金融体制改革的决定》，农村合作基金会进入了整顿发展阶段。1997年11月，国务院决定全面整顿农村合作基金会。农村合作基金会自身积累的矛盾也突然表面化，并在部分地区酿成了危及农村社会及政治稳定的事件。1999年1月，国务院发布文件，宣布全国统一取缔农村合作基金会。

在农村信用社发展方面，1984年8月，国务院批转了中国农业银行总行提交的《关于改革信用合作社管理体制的报告》。报告指出，要通过改革恢复和加强信用社组织上的群众性、管理上的民主性、经营上的灵活性，实行独立经营、独立核算、自负盈亏，充分发挥民间借贷的作用，把信用社真正办成群众性的合作金融组织。在这一阶段，通过清股、扩股，密切了信用社与社员的经济联系，经营管理体制有了明显改善，内部经营机制逐步向自主经营、自负盈亏的方向转变。

与此同时，外资银行营业性机构在中国开放的地域进一步扩大。1990 年，上海成为继经济特区后率先引进外资银行营业性机构的沿海开放城市。1992 年起，允许引进外资银行营业性机构的地域进一步扩大到大连等 7 个沿海城市，1994 年 8 月，北京等 11 个内陆城市也被允许对外资银行营业性机构开放。至此，允许引进外资银行的地域扩大到 23 个城市和海南省。

各种不同类型的银行机构的出现和发展大大丰富了中国银行业的市场竞争主体，中国银行业开始走向多元化。

2. 竞争日益形成

首先在专业银行之间引入竞争。1985 年"七五"计划明确提出进一步发展社会主义有计划的商品经济并逐步完善市场体系，在此指导思想下，金融体制相应发生改革，四大国有专业银行之间原有的业务分工界限开始打破，业务出现交叉和竞争。随着商业化改革的不断深入，银行自身的利益得到了越来越充分的体现，银行之间的竞争也越来越表现为各自利益的竞争。这一时期的银行竞争主要是通过机构和人员的迅速扩张来实现的。依托现有的行政层级，各家银行的机构网络都获得了迅速扩展。1984 年，国家银行的机构总数为 53 898 个，人员总数为 84.7 万人；到 1995 年国家银行的机构总数和人员总数分别增加到 16 万个和192.3 万人，分别增加了 1.97 和 1.27 倍。在大量机构网点的支撑下，四家国有银行的资产规模迅速膨胀。1985～1997 年，资产增长了 11 倍，其中贷款增长了11 倍，存款增长了 16.3 倍（易纲，2004）。

新兴的股份制商业银行在这一时期的成立动摇了原来国有银行条块分割的金融市场格局，其机制优势给我国银行系统注入了前所未有的活力，银行业市场的竞争程度大大提高。各级各类地方性银行类机构迅速出现，快速发展，占领专业银行没有进入的市场业务，同时不断向专业银行已有的市场领域进军。

3. 信贷资金分配权的逐步下降

1985 年国家实行"拨改贷"制度，凡是由国家预算安排的基本建设投资，无论企业还是事业单位，全部由基本建设拨款改为银行贷款。这样国有企业失去了从国家得到资金的可能性，国有商业银行成为国有企业资金来源的主渠道。信贷资金管理体制也随之由"差额包干"过渡到"统一计划，划分资金，实贷实存，相互融通"。同时将各专业银行和其他金融机构一般存款的存款准备金率统一调整为 10%，但其后两年又由于经济的变化而几次上调，在 1988 年调整至 13%并一直保持到 1995 年（李宏瑾，2006）。存款准备金的下调，使专业银行的信用创造能力有了较大提高。1987 年中国人民银行再贷款实行"合理供应，确定期限，有借有还，周转使用"的原则，不断完善信贷资金管理体制。在这一制度框架下，信贷计划与信贷资金分开，将过去有了计划额度就有了资金的做法改为通过组织资金实现计划。各专业银行开始自主经营、独立核算，经营性质逐渐向企业化实体靠拢。在专业银行内部，新的信贷管理体制赋予了银行新的金融自由，激励银行开展制度创新以获取国家改革行动带来的最大外部收益（林波，2000）。这一时期的银行贷款经营权，仿照行政区划按照省、地、市、县等实行分权管理。这为地方政府干预信用资源运用创造了条件。

4. 地方政府大量参与银行信用分配

在这一时期中央与地方关系发生了巨大变化，沿着放权让利的改革思路，地方获得了地方治理方面的诸多事权和财权。省市地方政府的事权、财权扩大了。中央实行"划分收支、分级包干"的"分灶吃饭"型财政体制，调动地方积极性和分担中央困难。事权方面，地方则获得新的经济、行政及干部管理权限和一定的立法权。这些改革措施，一方面调动了地方政府促进地方经济发展的积极性，另一方面由于金融因素在经济运行与资源配置中的作用日益突出，也激励地方政府对金融资源的争夺（巴曙松等，2005）。

为获取和支配最大可能的信贷资金，地方政府积极寻求介入金融资源的配置。第一，地方政府竞相利用新获得的政治影响向金融机构施加压力，中央银行驻地方的代表很难抵御地方的需求，最终形成国有银行地方分支机构对地方政府一定程度上的实际隶属；第二，各地区大都通过竞相创设大量旨在为本地提供融资服务的金融机构而不同程度地获取了支配金融资源的权力；第三，由于地方压力的普遍存在，各类金融机构资金的跨地区流动受到遏制。虽然许多地区出现了不同规模与类型的金融市场，但在很大程度上带有地方政府塑造的痕迹，且只具有省级或地区规模，彼此间的联系极少，导致金融资源的地方分割状态（张杰，1996a）。

# 四、国有银行的商业化改革

这一阶段大致从 1994 年开始，持续到 1997 年。1994 年我国确立了四大专业银行的商业化改革方向，各专业银行除了保留由各自历史形成的具有一定优势的某种特殊业务之外，均成了业务综合性的商业银行，并扩展了某些非传统的商业银行业务范围。同时，将国有商业银行分散法人制改为总行一级法人制，推进贷款抵押担保制度和贷款证制度。四大银行开始注重内部经营机制的转换，加强银行资金风险管理等。

另外，为了化解国有银行的政策性贷款，相继组建了国家开发银行、中国进出口银行和中国农业发展银行三家政策性银行，直属国务院领导，由政府全资拥有，实现了政策金融与商业金融分离。政策性银行的主要职责是发挥宏观调控职能，支持经济发展和经济结构战略性调整，在关系国家经济发展命脉的基础设施、基础产业和支柱产业的重大项目及配套工程建设中，发挥长期融资主力银行作用。

从 1994 年开始，根据中国人民银行的统一部署，逐步将符合条件的城市信用社等金融机构重组改制成了股份制商业银行。出于化解地方金融风险考虑，中央确定地方政府在城市商业银行中的最大股东地位。《城市商业银行暂行管理办法》规定，地方财政持股比率为 30％左右，单个法人股东的持股比例不得超过10％，单个自然人持股比例不能超过总股本的 2％（巴曙松等，2005）。

1995 年，我国颁布了《中国人民银行法》和《商业银行法》。中国人民银行的独立性在法律上得到了保证。法律明确规定，中央银行不得直接"对政府财政进行透支，不得直接认购、包销国债和其他政府债券"，"不得向地方政府、各级政府部门提供贷款"。中国人民银行独立执行货币政策的职能，对商业银行的监管主要运用货币政策手段实施间接调控。《商业银行法》明确规定，商业银行"资本充足率不得低于百分之八"，"贷款余额与存款余额的比例不得超过百分之七十五"。进一步明确了商业银行经营的市场化方针，即以效益性、安全性、流动性为经营原则，实行自主经营，自担风险，自负盈亏，自我约束。同时对商业银行开始实行"贷款限额控制下的资产负债比例管理"新体制。

1996 年，我国成为国际清算银行的成员，向国际承诺遵守银行监管的《巴塞尔协议》，现代意义上的金融监管逐渐形成并不断加强。

1996 年，全国银行间同业拆借市场成立，给金融机构提供了一个大额资金流动渠道，使资金流动变得更为频繁和顺畅。同年国务院发布《关于农村金融体制改革的决定》，农村信用社正式脱离与农业银行的行政隶属关系，按照合作制原则重新规范，标志着中国农村信用社重新走上了独立发展之路。

这一阶段尽管确立了我国银行业的商业化改革方向，但并没有实质性推进，专业银行体制下的计划管理、行政干预依然存在。

# 五、国有商业银行的市场化改革

20 世纪 90 年代后期以来，基于中国经济发展的需要和国际金融竞争的压力，中国开始实质性推进国有商业银行的改革。首先是提高国有商业银行资金充实率。自 1998 年起，国家曾采取发行 2700 亿特别国债、"债转股"与不良资产剥离、外汇注资等方式充实国有银行资本金，给国有银行提供财力支持。2001年财政部许可国有银行在年终决算时自行核销一定数量的风险损失资产。其次是实行战略撤退。为了提高经营效率，增强竞争力，自1998年起四大国有商业银行开始对规模不经济、资产质量差、包袱沉重、长期亏损且扭亏无望的机构进行大规模的撤销与合并；精简富余人员和简化代理层次，把主要资源配置到大城市、大企业和大项目上。再次是风险态度与风险管理发生战略转变。1997年东南亚金融危机把政府主导的国有银行垄断金融体制的弊病摆在了中国金融管理者面前，于是从作为出资人的政府到受托作为监管者的中央银行、从作为最后贷款人的财政部门到直接经营风险的商业银行，都把控制金融风险以防范金融危机作为金融发展的最急迫问题来解决。中央政府采取一系列措施加强了对金融资源的控制，对中国人民银行的管理体制实施了重大改革，撤销了原先按照省级行政区设置的省级分行，成立九家大区行和北京、重庆两家营业部。出台了《贷款通则》等信贷约束政策，要求商业银行贷款结构从主要发放信用贷款转向主要发放担保抵押贷款。国有银行经营者似乎一夜之间从风险偏好型转变为风险规避型，也出台了有关风险控制的诸多措施，如上收国有商业银行地方分支机构的信贷审批权、对业务和人员实行"垂直管理体系"、强化信贷人员责任终身制等。这些系统内调控，使国有商业银行基层行的贷款权限与可用资金大部分上收，其应有的贷款发放与资金调拨自主权也被一定程度剥夺，不少基层行，特别是经济落后地区的基层行几乎成了单纯吸收存款的存款行和专营不良贷款清收业务的不良资产管理行。

在信贷资金管理方面，1998年我国取消了实行近50年的信贷规模管理制度，在推行资产负债比例管理和风险管理的基础上，实行"计划指导，自求平衡，比例管理，间接调控"的新管理体制，商业银行只能够按照其吸收的存款规模来安排放贷业务。这使商业银行获得了完全的信贷资金支配权，开始追逐安全、效益配置资源，信贷资源在全国范围内的流动性增强。

与此同时国有银行体系面临的来自股份银行和外国银行的竞争越来越激烈。为适应改革和市场化的需要，国有银行体系进行了全面的组织结构调整。在撤销分支机构的同时，推行内部机构的扁平化，完善业务操作流程的标准化管理，改变信贷分类标准，并开始着手对信用风险实施严格管理。

自2003年起我国商业银行的改革重点开始转向建立现代金融企业，其中股份制改造为金融体系改革的一个重要环节，并成为银行其他各项改革的基础（成思危，2006）。中国共产党第十六届中央委员会第三次全体会议于2003年10月通过《中共中央关于完善社会主义市场经济体制若干问题的决定》，明确提出要进一步深化金融企业改革，商业银行和证券公司、保险公司、信托投资公司等要成为资金充足、运营安全、服务和效益良好的现代金融企业。同年成立了中国银行业监督管理委员会和中央汇金投资有限责任公司。中国银行业监督管理委员会的成立，将中国人民银行对银行、金融资产管理公司、信托投资公司及其他存款类金融机构的监管职能分离出来。中国人民银行专注于货币政策，实现了货币政策与银行监管职能的分离。中央汇金投资有限责任公司为国有独资公司，股东单位为财政部、中国人民银行和国家外汇管理局，负责向实施股份制改造的国有银行注资，并作为出资人，督促银行落实各项改革措施，完善公司治理结构，力争股权资产获得有竞争力的投资回报和分红收益。中央汇金投资有限责任公司的成立，标志着我国政府开始采取投资公司的形式建立国有金融资本出资人的模式。当年年底国家通过中央汇金投资有限责任公司用外汇储备对实施股份制改造的中国银行和中国建设银行注资 450 亿元以补充充足率。

以股份制改造为基点，我国各银行机构先后开始了股权多元化、引入战略投资者、组织结构和基层网点转型的改革。在此改革过程中中国各地的地方性银行和民营股份制银行快速发展，银行业的市场化率不断提高。

# 第二节　中国银行业空间组织的演进

从我国银行系统的发展过程看，与西方国家一样，银行发展过程是一个不断提升银行信用创造能力的过程，但在起点和路径方面不一样。我国对于银行信用资源的配置经历集权（中央政府集中分配）、分权（由中央、地方和金融机构共同配置）到市场配置（各类银行机构配置）的发展过程。随着政策性金融业务的分离和经营自主权向银行机构的回归，银行空间组织逐渐呈现市场经济下的非均衡特征。按照银行机构网点的空间分布和信用资源的区域分配模式，可将我国银行空间组织划分为三个阶段：全国统一计划空间均衡发展阶段、地方政府干预下的地区分割阶段和20 世纪 90 年代后期以来的市场一体化发展与金融空洞出现阶段（表 4-1）。

表 4-1　中国银行业空间组织的演进

| 发展阶段 | 银行制度变迁 | 银行空间组织特征 |
| --- | --- | --- |
| 第一阶段：全国统一计划空间均衡发展阶段（新中国成立后到 20 世纪 80 年代中期） | 由大一统银行体制转向专业银行体制，四大国有专业银行成立，中央银行制度建立 | 服务于国家发展战略；依据行政区划设立银行网点；根据计划自上而下分配信用 |
| 第二阶段：地方政府干预下的地区分割阶段（20 世纪 80 年代中期到 20 世纪 90 年代中期） | 国有银行为主导，其他类型银行机构快速发展，银行机构多元化，竞争日益激烈；经济改革与发展进入金融支持型阶段，银行业快速发展；地方政府大量参与信用资源分配 | 银行机构网点空间均衡分布，地区趋同；信用资源流动地方分割 |

| 发展阶段 | 银行制度变迁 | 银行空间组织特征 |
|---|---|---|
| 第三阶段：市场一体化发展与金融空洞出现阶段（20世纪90年代中期以来） | 国有商业银行市场化改革，政策性功能分离；政府逐步退出银行业经营管理；国有商业银行开始规模收缩、经营战略调整；全国性货币资金流动市场建立；大型商业银行实行经营管理垂直一体化 | 银行业经营市场一体化发展；资金配置突破行政区划边界限制，以利益为导向跨地区流动；金融空洞出现与新型农村金融机构成长 |

# 一、全国统一计划空间均衡发展阶段

这一时期包括我国银行系统发展的第一和第二阶段，大致从新中国成立后到20世纪80年代中期四大专业银行成立。银行空间组织的特征是中央政府按照计划集中配置各类金融资源，银行机构地理均衡分散。

图4-1显示了计划经济时代区域间货币资金流动的封闭式纵向循环。在这一模式里，银行资金的运用完全依靠政府的行政指令指导，中央政府行政性介入区域间货币资金流动，形成一种完全封闭的纵向循环。区域间自主的横向信用流动性很弱，银行的信用创造能力很低。银行属于国家行政机构，依据行政科层结构建立组织结构，依据行政区划设置分支机构，银行机构网点虽少，但根据行政区划均衡分布各地区。

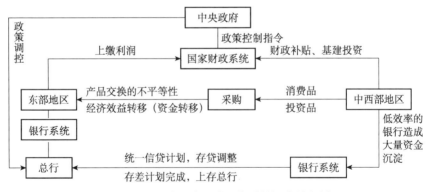

图4-1 计划经济时代区域间货币封闭式纵向循环

资料来源：支大林（2002）

# 二、地方政府干预下的地区分割阶段

这一阶段包括我国银行系统发展的第三和第四阶段，大致从20世纪80年代中期到 20 世纪 90 年代中期。银行业空间组织的特征是银行机构类型增多，地方性银行和全国性银行机构规模不断扩张，银行网点密度大幅提高，但空间分布的"地区趋同"特征显著。

四大专业银行成立后，伴随银行机构网点规模的膨胀和地方政府对银行业经营的强力干预，银行业空间组织表现出更强的地区趋同和空间均衡分布特征。1984 年以后，以四大专业银行为主体的市场竞争格局初步形成。面对竞争，各家银行依托已有的行政层级，机构网络获得迅速扩张。然而行政科层制的金融机构在营业网点的设置和扩张方面并非依据市场效率原则，而是依据行政区划和行政等级设置网点。银行贷款经营权的管理也仿照行政区划按照省、地、市、县等分权。国有银行依据行政区划的分权管理模式造成了地方分支机构在一定程度上对地方经济管理当局的隶属，国有银行的经营管理受地方政府影响较大。各级地方政府出于对自身行政边界利益最大化的追求，积极谋求国有银行分支网点在本地区的扩张，以争取和占有更多的金融资源和信贷规模，同时也积极设立地方性银行机构，为地方建设和生产经营筹集资金服务。地方政府的强力干预加剧国有银行的空间均衡分布模式，使银行机构地理呈现显著的地区趋同特征。"在每一级行政区域内都出现了同等规模的银行组织群，甚至在很多经济不发达的偏远市镇，各类银行组织的集聚程度与经济相对发达的城市极为相似。"（张杰，1996b）

与金融机构地理的地区趋同相关联，信用资源流动呈现地方分割状态。各地区在金融资源配置过程中存在三种倾向：一是遏制本地区金融资源向区外流动，资金只能在"块"内配置。二是复制或移植其他地区的金融组织与金融工具。三是相互之间展开寻租竞争。在竞争过程中，金融机构的总体规模急剧扩张，金融机构的地区结构越来越趋同，金融资源的横向配置越来越封闭，地方政府对金融资源的支配能力越来越强（张杰，1996a；周立和胡鞍钢，2002）。

与第一阶段相比尽管资本流动性有所增强，但仍然深受计划经济时期的条块管理模式影响，以四大专业银行为主的全国性分支银行虽然居于主体地位，但并没有形成全国统一的银行市场，中国人民银行、地方政府、专业银行共同参与金融资源的配置，特别是银行的经营和管理受地方政府影响很大，形成了现实中银行空间组织的地区分隔发展局面。

## 三、市场一体化发展与金融空洞出现阶段

这一阶段起自 20 世纪 90 年代中期。20 世纪 90 年代中期我国确立了国有银行的商业化改革目标，开始分离国有银行的政策性功能，内部经营机制转换，政府逐步退出银行业经营管理。90 年代后期开始国有商业银行的人员网点规模的大规模收缩和经营战略调整；加强银行信贷资金风险管理；将国有银行的分散法

人制改为总行一级法人制，大型商业银行实行经营管理垂直一体化等。国有商业银行的市场化改革和竞争战略转型在整个银行业起到了示范榜样效应，地方性银行机构也步其后尘开始了网点、人员规模压缩和组织管理结构调整。银行业机构网点规模的大规模撤并与人员压缩伴随治理结构、组织结构和管理制度的变化，使中国银行业的资产流动机制、企业行为、网点分布与 20 世纪 90 年代中期以前相比发生了较大变化。

银行业经营市场的一体化发展与资金流动性增强。自全国层面上看，民营股份制商业银行迅速崛起，非银行、非国有资金在全社会储蓄格局中所占比重迅速上升，它们基本不受政府的行政控制，资金纯粹按盈利性流动，追逐收益最大化，一直以来资金运用就具有全国性特征。国有商业银行随着基层分支机构信贷审批权的上收，逐步摆脱地方政府对银行经营的干预，总、分行直贷、点贷规模不断扩大，资金运用也越来越具有全国性特征。在地方层面，区域性银行和地方性银行机构不断实施联合，形成区域范围内的一体化运作。一些城市商业银行开始实施跨区域经营，如上海银行、徽商银行、温州市商业银行等已通过新设机构和并购的方式迈过了跨区经营的门槛。农村商业银行、农村合作银行的建立既利于支持农业产业化经营，又利于城乡一体化发展。农村信用社管理的省级联合社或省协会模式又为区域信用社的统筹一体化发展奠定了基础。银行业经营市场的一体化发展，使资金配置突破行政区划边界限制，以利益为导向跨地区流动增强。

现代化支付清算系统的建设又为银行资金的跨区流动提供了技术支持。支付清算系统作为支撑各类支付工具实现资金划拨、货币给付的平台，是一国经济、金融活动的重要金融基础设施。我国目前已初步建立起以中国人民银行现代化支付系统为核心，银行业金融机构行内支付系统为基础，票据支付（交换）系统、银行卡支付系统为重要组成部分的支付清算网络体系。中国人民银行先后完成了大、小额支付系统、全国支票影像交换系统、境内外币支付系统在全国的推广应用工作，中国人民银行现代化支付系统已经成为全社会资金结算的"主渠道"。各银行业金融机构相继建设了新一代行内支付系统，业务处理能力不断增强，风险管理功能不断强化，满足了多样化结算需求。中国银联建成的新一代银行卡跨行支付系统加速了银行卡全国联网通用进程，为境内外人民币银行卡支付业务的集中、高效处理提供了基础条件。

在银行业经营逐步走向市场化过程中，一些区域的金融需求却被忽略，突出表现在农村地区，金融服务不足，金融机构缺乏，形成金融空间中的空洞。不过针对我国农村金融服务功能弱化问题，国家已开始着手新型农村金融机构的培育。2005 年 5 月，中国人民银行决定，在中西部地区民间融资比较活跃的山西、陕西等 5 省（自治区、直辖市）进行民间小额贷款试点。2006 年 3 月初，被称作

"新票号"的平遥晋源泰、日升隆小额贷款公司正式对外营业。2006 年 12 月 22 日中国银行业监督管理委员会公布了《关于调整放宽农村地区银行业金融机构准入政策更好支持社会主义新农村建设的若干意见》。截止到 2007 年年底全国共开设的村镇银行已经达到 19 家（《中国银行业监督管理委员会 2007 年年报》）。

# 第三节　本章结论

　　银行业空间组织的演化路径多种多样。与市场经济条件下银行业空间组织的演化路径不同，我国一开始就建立了全国性的银行体系，以及服务于国家发展战略的依据行政区划设立银行网点和根据计划自上而下分配信用的计划均衡银行空间，并没有经历金融机构自然发育的空间扩张成长过程。但最近银行业空间组织的发展也呈现一些与西方国家共同的特征，如市场一体化快速发展、金融空洞的出现。

　　我国银行业空间组织的发展体现出显著的政府干预色彩。中央政府、地方政府和银行机构间的博弈形成了银行空间组织的演化动力。中央政府的制度决定了银行空间组织的发展框架，地方政府基于自身利益考虑不断参与这一空间框架的建构，银行机构在此过程并没有多少主导权。这样一种权力格局直到 20 世纪 90 年代后期银行业市场化改革的实质性推进，才发生改变。银行机构开始在银行业空间组织的建构过程中发挥主导作用，中央政府通过调整银行机构的利润函数影响银行机构的区位选择和资金流动间接实现对银行空间组织的调控。地方政府基本退出银行机构的经营管理和空间发展。在此基础上，信息技术发展、全球化等外部力量开始影响我国银行业空间组织的变化。

　　与市场经济条件下金融空间组织的变化主要由各种力量推动的自下而上过程不同，中国银行业空间组织的变化是自政府的制度变迁开始的自上而下过程。资本、金融机构的趋利本性是金融空间组织变化的原始动力，已有的金融地理学研究表明，当面临不同盈利机会或金融风险时，金融系统总能重构其空间运作以应对。而中国的特殊之处在于这一趋利本性在一段历史时期被抑制，一段历史时期被放开，在资本、银行机构的趋利本性回归后，中国金融空间组织变化的内外市场力量才开始形成。

# 第五章 20 世纪 90 年代以来中国银行业空间组织变化

20 世纪 90 年代后期基于中国经济发展的需要和国际金融竞争的压力，中国开始了真正的银行业市场化改革，包括成立全国银行间同业拆借市场，取消信贷计划管理，大规模撤并银行机构网点，上收国有商业银行地方分支机构的信贷审批权，加强风险管理等。这次改革使传统的计划均衡银行空间被打破，中国银行业空间组织开始在一条新的发展路径上演化，并由此产生一系列区域发展问题。本章自省级层面分析 20 世纪 90 年代以来银行业空间组织的变化。

本章以下包括四部分：第一部分分析了 20 世纪 90 年代以来中国银行业的发展状况，为本书下面关于银行业空间组织变化分析提供必要的背景；第二部分是分析数据和方法；第三部分是 20 世纪 90 年代以来中国银行业机构地理变化分析；第四部分是银行资产地理变化分析；第五部分是结论。

## 第一节 20 世纪 90 年代以来中国银行业的发展

### 一、银行业市场结构逐步多元化

20 世纪 90 年代以来，我国银行业市场结构逐步走向多元化。改革开放后，我国相继成立了工、农、中、建四大专业银行，1984 年中国人民银行开始单独行使中央银行职责，奠定了国有银行在我国银行系统中的绝对优势地位。1986 年国务院批准重新组建交通银行，1987 年交通银行正式营业。随后又陆续成立了中信实业银行、招商银行、深圳发展银行、烟台住房储蓄银行、华夏银行、上海浦东发展银行、海南发展银行、民生银行等民营股份制商业银行。同时，各个地区积极组建属于本地区的银行类金融机构，如信托投资公司、城市信用社和农村合作基金会等。20 世纪 90 年代中期，以城市信用社为基础，各地开始组建城市商业银行。1994 年我国确立了国有银行的商业化改革方向，成立了三家政策银行——国家开发银行、中国进出口银行、中国农业发展银行，实现了政策金融与商业金融的分离。1996 年信用社脱离农行，开始恢复合作金融性质。2006 年12 月，中国银行业监督管理委员会放宽农村银行业金融机构准入政策，2007 年

3月，首批村镇银行在国内6个首批试点省诞生。2007年邮政储蓄银行正式挂牌成立。

　　截至2006年我国银行业金融机构包括：3家政策性银行，4家国有商业银行，13家股份制商业银行，113家城市商业银行，78家城市信用社，19 348家农村信用社，80家农村商业银行，80家农村合作银行，4家金融资产管理公司，54家信托投资公司，70家企业集团财务公司，6家金融租赁公司，1家货币经纪公司，7家汽车金融公司，以及外资法人金融机构14家，邮政储蓄银行1家，银行业金融机构法人机构19 797家，营业网点183 897个，从业人员2 732 394人①。

　　银行业市场结构的多元化带来了不同银行间激烈的竞争。从结构比例看，四大国有商业银行、邮政储蓄银行、以农村信用社为主的农村银行机构为我国当前银行系统的主要力量（图5-1）。从网点规模看，以农村信用社为主的农村金融机构居于首位，其次是四大国有商业银行和邮政储蓄银行，城市银行和其他银行网点覆盖面小；从资产规模看，四大国有商业银行居于首位，其次是以13家民营股份制商业银行为主的其他银行，农村银行位居第三，邮政储蓄银行资产规模最小；从人员规模看，四大国有商业银行居于首位，其次是农村银行，城市银行人员规模最小。资产、网点、人员三方面结合，以13家股份制商业银行为主的其他银行经营效率最高，四大国有商业银行效率有较大改进，新成立的储蓄银行经营效率最低，发展任务较重。

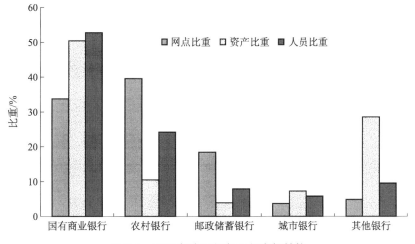

图5-1　2006年中国银行业的市场结构

资料来源：《中国货币政策执行报告》增刊——《2006年中国区域金融运行报告》

注：农村银行包括农村信用社、农村合作银行；城市银行包括城市商业银行和城市信用社

---

①　参见：中国银行业监督管理委员会2006年年报。

## 二、银行机构经历扩张与收缩

　　20世纪90年代后期为了应对日益激烈的国际竞争和顺应国内经济发展的需要，追随国际银行的地理整合潮流，中国银行业开始了机构网点、人员规模的大幅度压缩和网点地域分布调整，先是四大国有商业银行的机构网点调整，后逐步波及地方性银行机构。1998年中国人民银行制定了《关于国有独资商业银行分支机构改革方案》，方案中对四大银行机构的撤并提出了非常具体的要求。比如，按银行的工作人员数量和吸收存款额，人均存款额在50万元以下的营业网点全部撤销，50万到100万元的营业网点部分撤销，100万到150万元的营业网点合并。二级分行也要进行大量撤并。由此中国银行业的网点规模扩张以1997年为最高峰，当年年末银行系统机构网点达163 641个，其中四大国有商业银行机构网点153 704个，之后一直处于规模收缩之中（图5-2）。至2005年国家银行系统网点82 453个，其中四大国有商业银行网点72 105个，分别只有1997年的50%和47%。以农村信用社为主体的农村银行，各地的城市银行也经历了这样一个扩张收缩的发展过程。只有邮政储蓄银行、外资银行和股份制银行的网点、人员规模一直处于扩张之中。

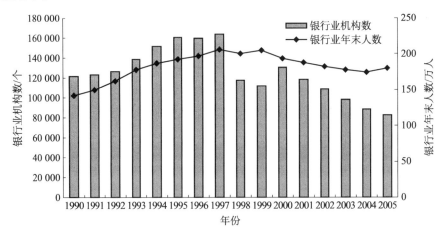

图5-2　1990～2005年国家银行系统的机构数与职工数

资料来源：历年《中国统计年鉴》

注：国家银行系统1995年及以前年度统计口径为中国人民银行、中国工商银行、中国农业银行、中国银行、中国建设银行、交通银行；1996年以后统计口径除以上银行机构外，还包括3家政策性银行、13家民营股份制银行

## 三、银行资产增长与经济金融化发展

现代经济发展的一个重要特征是，伴随经济的发展金融资产规模的不断扩大，学者们将这一过程称为经济金融化过程（王广谦，1996）。经济的金融化一般以金融相关率，即以金融资产总量占国民生产总值的比率来表示，其可衡量一个地区经济和金融的相关程度，还可衡量金融资产相对于经济体的丰富程度和集中程度。由于我国银行资产主要为存款和贷款，本书以银行业金融机构的存款、贷款余额及其两者之和分别除以 GDP 作为银行资产规模的度量，分别称为存款比率、贷款比率和金融化比率。

尽管银行网点、人员规模在不断减少，但经济金融化程度伴随我国经济发展水平的提高不断加深，银行资产规模不断扩大。金融比率由 1990 年的 170％，增加到 2003 年的最高值 270％，近三年来又有所回落，2006 年为 266％（图 5-3）。存款比率上升较快，金融比率的回落主要由贷款比率降低引起，这主要由近几年来我国金融资产的多样化造成。经济金融化的发展将加快经济资源配置的速度，提高资源使用效率，但也使资金流动性增强，容易出现区域资金分配不平衡。

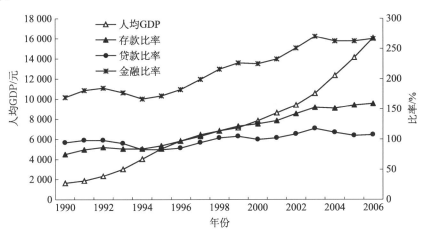

图 5-3　20 世纪 90 年代以来中国银行业资产规模增长

## 四、国有商业银行经营管理自主权回归

20 世纪 90 年代以前我国的银行体系更多的是按照财政规则运行，而不是按照金融规则运行，在相当长的一段时期内，国有银行的资金配置决策权为政府所

掌握，国有银行并不具备市场主体的基本特征（张杰，1997）。

1994年中国先后成立了三家政策性银行，将政策性业务从国有银行分离出来，赋予国有银行更充分的交易选择权。1998年，中国取消了对国有银行的信贷规模控制，商业银行只能够按照其吸收的存款规模来进行放贷业务，并开始实行资产负债比例管理。同年国有银行开始撤并经济落后地区的营业网点，并上收县一级分支机构的贷款审批权，从而基本消除了地方政府对银行贷款决策的影响。这一系列市场化改革的推进，使国有商业银行的独立市场主体地位得到加强，商业银行获得了更大的信贷资金支配权，开始追逐安全、效益配置资源，银行资产在全国范围内的流动性增强。资金在商业银行系统内部的自由转移，为信贷资金向不同区域流动提供了快捷途径。

## 第二节　分析方法与数据

依据第三章对金融空间组织概念的探讨，银行空间组织变化包括两个方面的内容——银行机构地理的变化和银行资产流动地理的变化。银行机构地理，从区域角度即为区域银行服务的供给水平，可表现为区域银行数量和网点数量的多少、银行服务渠道的多样性、呼叫中心和银行从业人员的多少等方面。其中物理网点为银行业竞争的主要手段和银行服务的主要渠道，因此本书对区域银行机构地理变化的分析以区域银行物理网点总量的变化为分析对象。由于我国没有全部银行机构分省（自治区、直辖市）的历史统计资料，对银行机构地理的分析仅关注主要银行机构：四大国有商业银行、农村银行（包括农村信用社、农村合作银行和农村商业银行）和邮政储蓄银行，特别关注四大国有商业银行网点的地理变化。对于银行资产流动地理变化，由于我国的银行资产主要表现为存款、贷款，本书将考察区域信贷总量、存款总量的空间分布变化，并重点考察信贷资金的空间分布变化。

关于银行业空间组织变化的分析指标，本书选用赫芬代尔指数和赫芬代尔-赫希曼指数。赫芬代尔指数（Herfindahl Index，HI）是衡量产业地理集中的重要综合性指标，等于各区域某要素产值或比重的平方和，即 $HI=\sum S_i^2$。本书将其应用于银行相关要素地理集中度的度量，其中 $S_i$ 为区域银行或有关变量份额，如银行机构网点、信用、人口或 GDP 等，$i$ 为地区单元个数。HI 的取值范围是 $[1/N, 1]$，值越大，地理集中程度越高，若银行服务或所有经济活动集中于一个地理单元，则 HI 达到最大值 1；相反如果经济活动平均分布在各个区域，HI 为 $1/N$（各区域份额均为 $1/N$，$N\times(1/N\times1/N)=1/N$）。这个系数衡量的是产业绝对集中程度。为了衡量产业的相对集中程度，赫希曼改善了赫芬代尔系数，称之为 HHI，$HHI=\sum(S_i-X_i)^2$（贺灿飞和潘峰华，2007）。本书中 $S_i$ 表示 $i$ 区域银行机构或资本总量份额，$X_i$ 为 $i$ 区域 GDP 占全国的份额，如果 S 的空间分布与 GDP 的空间分布一致，那么 HHI 值为零，此指数可度量银行服务、资本供给和需求的匹配，同时附之以两者的相关系数。

由于 HHI 指数是总量指标，为了考察各省（自治区、直辖市）银行网点、资本与区域经济总量的匹配程度及其变化，本书引入各省（自治区、直辖市）银行网点、资本与区域经济总量的地理联系率 $S_i/X_i$，记为 $G_i$（由于 $S_i-X_i$ 都是小数，不好计算），$S_i$ 与 $X_i$ 含义同上，并用地图软件将其可视化，分析中国银行系统的空间转向问题。如果区域银行服务与区域经济总量匹配，则 $S_i/X_i$ 为 1；如果区域银行服务供给超过需求，则 $S_i/X_i$ 大于 1，相反则小于 1。

20 世纪 90 年代以来我国银行业空间组织的变化主要始于 1998 年的银行机构改革，银行网点扩张以 1997 年为高峰，之后处于下降态势。由于缺乏各省（自治区、直辖市）银行机构网点的时间序列数据，将选取主要年份，以五年为间隔，以我国一级行政区（不包括香港、澳门、台湾）为地域单元，分别计算各变量 HI 指数、HHI 指数及其他统计量，利用 GIS 制图技术进行地图分析，考察中国银行系统的空间变化问题，并重点关注 20 世纪 90 年代中期以来银行业空间组织的变化。数据来源于《中国金融年鉴》《中国统计年鉴》相关年份和中国人民银行货币政策委员会颁布的《中国货币政策执行报告》增刊——《2006 年中国区域金融运行报告》。

# 第三节　银行机构网点空间分布变化

以下分不同银行机构，从网点密度、网点分布、地理集中度、空间分布模式四个方面，分析我国银行业机构网点空间分布变化。

## 一、银行网点密度区域变化

选取每万人拥有银行网点数，称为网点人口密度，表示银行服务的接近性；选取每亿元 GDP 拥有的银行网点数，称为网点经济密度，表示银行服务运行效率的高低。20 世纪 90 年代中后期的银行机构改革打破了我国银行业正常的网点扩张过程，网点规模由扩张转为收缩，网点密度由上升转为下降。对比 1996、2001、2006 年不同银行的网点人口密度和亿元 GDP 网点（图 5-4～图 5-9），可以明显发现 20 世纪 90 年代中期以来银行服务接近性的下降和网点效率的提高，但不同银行的变化不同。国有商业银行网点密度的下降和网点经营效率的提高最为显著，其次是农村银行。邮政储蓄银行网点人口密度和网点效率都有所提高。在网点人口密度和效率变化的同时，其地理格局也发生了较大变化。

1. 国有商业银行网点人口密度大幅度下降，北京、上海、天津在国有银行地理格局中的地位迅速提升

国有商业银行网点人口密度下降最为显著（图5-4），31个省（自治区、直辖市）平均国有商业银行网点人口密度1996年为1.19个，2001年下降为0.88个，2006年为0.61个，下降幅度近50%（如果用全国国有商业银行网点总数除以全国人口1996年全国平均每万人国有银行网点1.25个，2001年为0.86个，2006年下降到0.50个，下降幅度超过70%）。同时省（自治区、直辖市）间国有商业银行网点密度差异变大，变异系数由1996年的0.3340增加到2001年的0.3549和2006年的0.4704，不同省（自治区、直辖市）间国有银行网点密度下降幅度差别较大。

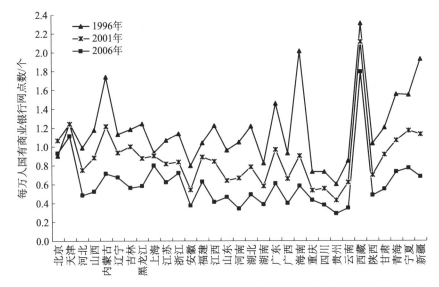

图5-4  1996、2001、2006年各省（自治区、直辖市）每万人国有商业银行网点数

注：1996、2001年计算中各省（自治区、直辖市）四大国有银行网点总数不包括中国建设银行的储蓄网点数，如果加上此数各省（自治区、直辖市）网点密度下降幅度更大

西藏银行结构比较特殊，仅有国有银行和股份制银行，没有其他类型银行，因此国有商业银行撤并较少，加上其较小的人口规模，网点密度相对较高，1996年以来一直处于全国首位。海南受20世纪90年代初泡沫经济的影响，成为四大国有商业银行网点人口密度下降最大的省份，由1996年的2.01下降到2006年的0.58。经济发达的广东省，国有商业银行网点密度也出现大幅度下降，网点人口密度由1996年的每万人1.46个下降到2006年的每万人0.61个，在全国的排名由第7位下降到第13位。除此之外，网点人口密度下降较多的是中西部的一些省份，其中中部六省中的江西和河南相对下降幅度最大，网点人口密度分别由1996年位居全国的第10位和第18位下降到2006年的第24位和第30位。

北京、上海由于其特殊的区位和国家金融中心的建设，在国有银行机构撤并

过程中所受冲击较小,在全国国有银行地理格局中的地位迅速上升。北京为中国
人民银行、银行业监督管理委员会、四大国有商业银行和其他众多商业银行总部
所在地,与1996年相比,北京成为唯一一个网点规模、网点人口密度都有所增
加的省(自治区、直辖市)。四大国有银行人口网点密度由1996年的位居全国第
22位上升到2006年的位居全国第3位,仅次于西藏、天津。上海拥有繁荣、悠
久的金融发展历史和多样化的银行机构类型,外资银行比例相对较高;与1996
年相比成为国有银行网点撤并最少,国有银行人口网点密度下降最小的省(自治
区、直辖市);四大国有银行人口网点密度由1996年的位居全国第23位上升到
2006年的位居全国第4位。天津国有银行网点密度位居全国第2位。

在国有银行网点密度下降的同时,网点经营效率大幅度提升,每亿元GDP
网点数量不断下降(图5-5)。北京、上海网点效率最高。去除西藏外,省(自治
区、直辖市)间网点效率差异逐步缩小,这意味着国有商业银行机构网点设置原
则的变化,效率原则而不是人口公平原则居主导地位。

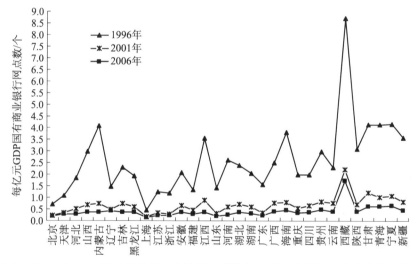

图5-5　1996、2001、2006年各省(自治区、直辖市)每亿元GDP国有商业银行网点数

**2. 农村类银行网点人口密度的变化与国有商业银行基本相同,但下降幅度
远小于国有商业银行,北京、上海农村银行网点人口密度最低**

农村类银行网点人口密度平均由1996年的0.9015,2001年的0.7715,下降到
2006年的0.6088,下降幅度远小于四大国有商业银行。省(自治区、直辖市)间
差异扩大,网点人口密度变异系数由1996年的0.2864,2001年的0.2722,增加到
2006年的0.3213,但省(自治区、直辖市)间的差异小于国有商业银行(图5-6)。

北京、上海农村类银行网点人口密度一直较低,其中上海多年来为全国农村
类银行网点人口密度最小的地区。2006年除北京、上海外,农村类银行网点人
口密度较小的还有天津、黑龙江、江苏、湖北和海南。1996年以来,广东省农

村类银行网点人口密度下降最多，由 1996 年的每万人 1.54 个下降到 2006 年的 0.69 个。其次下降较多的有湖北、海南、天津和新疆。

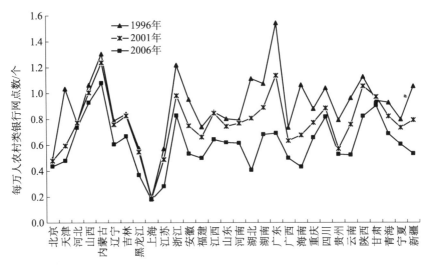

图 5-6　1996、2001、2006 年各省（自治区、直辖市）每万人农村类银行网点数

农村类银行网点效率也有较大提高，每亿元 GDP 网点数量由 1996 年的 1.94 下降到 2001 年的 1.16，2006 年的 0.44，但低于国有商业银行网点效率（图 5-7）。北京、上海网点效率最高，西部省份网点效率较低。

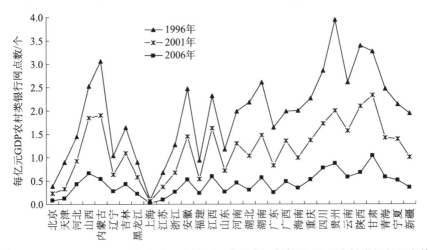

图 5-7　1996、2001、2006 年各省（自治区、直辖市）每亿元 GDP 农村类银行网点数

3. 邮政储蓄银行网点经营效率提高显著，网点密度除重庆外变化不大

邮政储蓄银行网点人口密度变化显著异于国有商业银行和农村类银行，不仅

没有下降反而有所增加，不过增加幅度很小，平均由1996年的0.2628增加到2006年的0.2857。2006年省（自治区、直辖市）间网点密度差异小于国有商业银行和农村类银行（图5-8）。

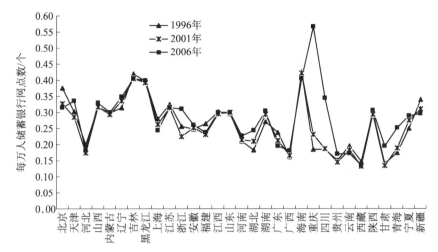

图5-8　1996、2001、2006年各省（自治区、直辖市）每万人储蓄银行网点数

网点密度增加最多的是重庆市。重庆成为直辖市之后正赶上我国银行业改革，国有商业银行机构网点和农村银行机构网点的增设受到很大限制，这给邮政储蓄银行扩大网点规模提供了机会。其网点密度由1996年的0.1845，增加到2001年的0.2305，2006年的0.5655，位居全国首位。其次网点密度增加的是四川和甘肃。

与国有商业银行和农村银行一样，邮政储蓄银行网点效率也有明显提高（图5-9）。2006年北京、天津、上海、广东网点效率最高。

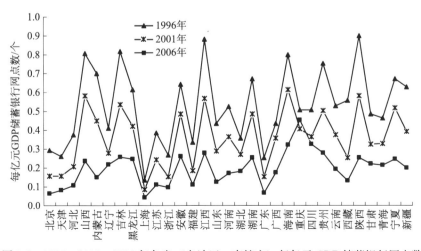

图5-9　1996、2001、2006年各省（自治区、直辖市）每亿元GDP储蓄银行网点数

# 二、银行机构网点分布区域变化

根据我国最近的区域发展战略,将我国大陆 31 个省(自治区、直辖市)划分为四大区域,其中西部 12 省(自治区、直辖市)、中部 6 省(自治区、直辖市)、东北 3 省(自治区、直辖市)、东部 10 省(自治区、直辖市)。自四大区域看,不同银行网点的分布格局变化不同(表 5-1)。

1. 国有商业银行网点份额东部地区显著增加,东北地区有少许增加,西部、中部地区下降,其中中部 6(自治区、直辖市)下降最多

1996~2006 年东部地区的四大国有商业银行机构网点比重由全国的 35.91% 增加到 43.17%,10 年间增加了 7.26 个百分点,远高于其 GDP 和人口的增长率。其中 2000 年以后增加显著,2001~2006 年 5 年间东部地区的国有商业银行网点份额增加了近 6 个百分点,而同期 GDP 和人口分别增加了 1.7 和 1.83 个百分点。与此形成对照的中部六省国有商业银行网点的份额大幅下降,由 1996 年占全国的 27.75% 下降到 2006 年的 21.61%,10 年间下降 6.14 个百分点。2000 年以后下降最为明显,2001~2006 年 5 年下降了 4.07 个百分点,而同期其 GDP 和人口份额分别下降 0.37 和 1.03 个百分点。东北地区国有商业银行机构网点比重只有少许增加,10 年间增加 0.42 个百分点,但同期其 GDP 和人口份额有所下降。西部地区国有商业银行机构网点份额也有下降,但下降幅度小于中部,10 年间下降不足 2 个百分点,与其 GDP 份额变化基本相当。

2. 农村类银行机构网点的分布变化与四大国有商业银行大致相同,也表现为东部、东北地区份额上升,中部、西部下降,其中中部 6 省(自治区、直辖市)下降较多

农村类银行机构网点的分布变化趋势与国有商业银行机构大致相同,只是变化幅度远小于国有银行。10 年间东部地区拥有的农村银行网点份额增加了 1.65 个百分点,东北地区增加了 0.63 个百分点,西部地区下降了 0.19 个百分点,中部地区下降了 2.1 个百分点。

3. 邮政储蓄银行机构网点的变化显著异于国有商业银行和农村银行,西部地区增加显著,其他地区下降,其中东部地区下降最多

邮政储蓄银行机构网点的分布变化显著异于四大国有商业银行和农村银行,表现为西部地区增加,其他地区下降。1996~2006 年西部地区邮政储蓄银行机构网点由占全国的 23.02% 增加到 27.70%,10 年间增加了 4.68 个百分点。其中 2000 年增加较多,2001~2006 年 5 年间增加 4.32 个百分点。东部地区与中部地

区和东北地区相比下降较多，1996～2006年10年间下降了2.23个百分点。

**表5-1　不同年份四大区域银行网点、GDP和人口份额**（单位：%）

| | 年份 | 1996 | 1998 | 1999 | 2000 | 2001 | 2005 | 2006 | 2006～1996 | 2006～2001 |
|---|---|---|---|---|---|---|---|---|---|---|
| 四大国有商业银行 | 东部10省（自治区、直辖市） | 35.91 | 36.45 | 35.74 | 35.96 | 37.46 | 42.72 | 43.17 | 7.26 | 5.71 |
| | 东北3省（自治区、直辖市） | 9.66 | 9.96 | 10.59 | 10.63 | 10.30 | 10.10 | 10.08 | 0.42 | −0.22 |
| | 中部6省（自治区、直辖市） | 27.75 | 27.26 | 26.94 | 26.21 | 25.68 | 22.02 | 21.61 | −6.14 | −4.07 |
| | 西部12省（自治区、直辖市） | 26.35 | 25.99 | 26.38 | 26.81 | 26.13 | 26.13 | 24.57 | −1.78 | −1.56 |
| 农村合作及商业银行 | 东部10省（自治区、直辖市） | 33.40 | 33.74 | 33.78 | 33.40 | 33.11 | 35.14 | 34.17 | 1.65 | 1.94 |
| | 东北3省（自治区、直辖市） | 6.83 | 7.40 | 7.39 | 7.48 | 7.46 | 7.41 | 7.27 | 0.63 | 0 |
| | 中部6省（自治区、直辖市） | 29.89 | 29.12 | 29.26 | 29.48 | 29.45 | 26.50 | 27.09 | −2.1 | −1.66 |
| | 西部12省（自治区、直辖市） | 29.89 | 29.74 | 29.57 | 29.63 | 29.98 | 30.96 | 31.46 | −0.19 | −0.28 |
| 邮政储蓄银行 | 东部10省（自治区、直辖市） | 36.77 | 36.42 | 36.27 | 35.93 | 35.18 | 34.27 | 34.54 | −2.23 | −0.64 |
| | 东北3省（自治区、直辖市） | 12.58 | 12.95 | 12.79 | 12.68 | 12.60 | 11.33 | 11.38 | −1.2 | −1.22 |
| | 中部6省（自治区、直辖市） | 27.54 | 27.71 | 27.91 | 27.98 | 28.75 | 26.36 | 26.31 | −1.23 | −2.44 |
| | 西部12省（自治区、直辖市） | 23.02 | 22.83 | 22.95 | 23.32 | 23.38 | 27.70 | 27.70 | 4.68 | 4.32 |
| GDP | 东部10省（自治区、直辖市） | 50.89 | 51.31 | 51.89 | 52.49 | 53.96 | 55.58 | 55.66 | 4.77 | 1.7 |
| | 东北3省（自治区、直辖市） | 10.14 | 10.05 | 9.98 | 10.04 | 9.73 | 9.73 | 8.54 | −1.6 | −1.19 |
| | 中部6省（自治区、直辖市） | 20.84 | 20.86 | 20.59 | 20.36 | 19.07 | 18.82 | 18.70 | −2.14 | −0.37 |
| | 西部12省（自治区、直辖市） | 18.06 | 17.70 | 17.45 | 17.03 | 17.15 | 17.15 | 17.00 | −1.06 | −0.15 |
| 人口 | 东部10省（自治区、直辖市） | 34.01 | 33.99 | 33.99 | 35.57 | 34.49 | 36.15 | 36.32 | 2.31 | 1.83 |
| | 东北3省（自治区、直辖市） | 8.64 | 8.59 | 8.57 | 8.46 | 8.45 | 8.38 | 8.40 | −0.24 | −0.05 |
| | 中部6省（自治区、直辖市） | 28.62 | 28.61 | 28.60 | 27.84 | 28.33 | 27.43 | 27.30 | −1.32 | −1.03 |
| | 西部12省（自治区、直辖市） | 28.61 | 28.67 | 28.71 | 28.00 | 28.60 | 28.04 | 27.84 | −0.77 | −0.76 |

# 三、银行机构网点地理集中度变化

以中国 31 个省市区（香港、澳门、台湾数据未统计）为地域单元，如果各变量为空间均匀分布，则 HI 指数为 0.032 26。自 HI 指数和变异系数看，银行机构网点分布的地理集中度和省（自治区、直辖市）间的差异变化较小（表 5-2），但依然可以看出一些变化。

**表 5-2　不同年份省（自治区、直辖市）间相关变量的 HI、HHI 指数、变异系数和相关系数**

| | 年份 | 1996 | 2001 | 2006 |
|---|---|---|---|---|
| HI 指数 | 四大国有商业银行网点 | 0.0460 | 0.0427 | 0.0433 |
| | 农村类银行网点 | 0.0529 | 0.0483 | 0.0505 |
| | 邮政储蓄银行网点 | 0.0474 | 0.0457 | 0.0457 |
| | 人口 | 0.0454 | 0.0453 | 0.0452 |
| | GDP | 0.0512 | 0.0529 | 0.0554 |
| 变异系数 | 四大国有商业银行网点 | 0.6274 | 0.5775 | 0.5942 |
| | 农村类银行网点 | 0.7432 | 0.6823 | 0.7302 |
| | 邮政储蓄银行网点 | 0.6601 | 0.6562 | 0.6565 |
| | 人口 | 0.6497 | 0.6469 | 0.6445 |
| | GDP | 0.7798 | 0.8021 | 0.8616 |
| HHI 指数 | 四大国有商业银行网点 GDP | 0.0057 | 0.0055 | 0.0030 |
| | 农村类银行网点 GDP | 0.0098 | 0.0110 | 0.0147 |
| | 邮政储蓄银行网点 GDP | 0.0073 | 0.0093 | 0.0143 |
| 相关系数 | 四大国有商业银行网点 GDP | 0.8429 | 0.8636 | 0.9385 |
| | 农村类银行网点 GDP | 0.7191 | 0.6815 | 0.6332 |
| | 邮政储蓄银行网点 GDP | 0.8323 | 0.8001 | 0.7759 |

1. 四大国有商业银行网点的地理集中度由集中到分散，再到集中

四大国有商业银行网点的 HI 指数由 1996 年的 0.0460 下降到 2001 年 0.0427，2006 年的 0.0433；省（自治区、直辖市）间银行机构网点份额的变异系数由 1996 年的 0.6274 下降到 2001 年的 0.5775，2006 年又增加到 0.5942。地理集中度下降的原因之一在于人口大省国有商业银行网点数量的大幅度下降。我国传统的银行机构设置多依据人口、行政区划等计划因素，因此在 1998 年银行机构网点大规模撤并以前，人口大省银行机构网点规模也较大。1998 年以后由于市场因素在银行机构网点撤并中发挥作用，人口大省的银行机构网点由于经营效益较低撤并较多，从而使国有银行机构网点的地理集中度和省（自治区、直辖市）间的差异较小，机构网点份额在各省（自治区、直辖市）间的分布更加均衡。例如，河南由于较大的人口规模，在银行机构网点撤并以前国有银行网点规模仅次于广东，在全国 31 个省（自治区、直辖市）中居第 2 位，但在国有银行机构撤并中成为撤并机构最多的省（自治区、直辖市）之一，2006 年网点份额

居全国第6位。另外，西部一些省（自治区、直辖市）如西藏、青海、宁夏等国有银行机构网点撤并较少，也使国有银行机构网点的地理集中度和省（自治区、直辖市）间的差异变小。省（自治区、直辖市）间国有银行机构网点规模的地理集中度小于经济总量GDP和人口。

2. 农村类银行网点的地理集中度和区域差异大于四大国有商业银行

同一时期省（自治区、直辖市）间农村类银行机构网点规模的地理集中度和区域差异显著大于国有银行。例如，1996年国有商业银行网点的HI指数为0.0460，而农村银行网点的HI指数为0.0529；2006年四大国有商业银行网点的HI指数为0.0433，农村类银行为0.0505。不同时期农村类银行机构网点的地理集中度和区域差异变化不大。1996年HI指数为0.0529，2001年下降到0.0483，2006年又有所增加，为0.0505。变异系数也表现出相同的变化趋势。

3. 邮政储蓄银行网点的地理集中度和区域差异大于四大国有商业银行，小于农村银行，但表现出地理集中度下降趋势

同期比较，邮政储蓄银行网点的地理集中度和区域差异与人口的地理集中度和区域差异相当，小于经济总量GDP的地理集中度和区域差异。从时间上看，省（自治区、直辖市）间邮政储蓄银行网点的地理集中度有下降趋势。HI指数由1996年的0.0474，下降到2001年和2006年的0.0457。不同银行间比较，邮政储蓄银行网点的地理集中度和区域差异大于国有商业银行，小于农村类银行。

# 四、银行机构网点空间分布模式变化

1. 国有商业银行网点的空间分布模式由典型的外生性逐步走向市场，越来越与区域经济发展相关

我国的国有银行形成于计划经济时代，网点分布具有典型的外生性，带有强烈的计划平均色彩，并非依据市场潜力分布。在20世纪90年代后期的银行网点整合过程中，国家对国有银行经营的直接干预越来越少，市场因素开始发挥作用，国有银行机构网点的分布与区域经济发展水平的相关性不断提高。表现为国有商业银行网点与区域经济总量GDP的HHI指数不断下降，由1996年的0.0057下降到2006年的0.0030，相应的区域国有银行网点规模与区域经济总量的相关系数不断增加，由1996年的0.8429增加到2006年的0.9385，国有银行网点的区域分布与区域经济发展水平的匹配程度不断提高。

2. 邮政储蓄银行和农村类银行网点的分布与区域经济发展的相关性下降，空间均衡分布特征显著

农村类银行的网点分布与区域经济发展水平的匹配程度有所下降，HHI指数由1996年的0.0098增加到2006年的0.0147，区域网点规模和经济规模的相关系数由1996年的0.7191下降到2006年的0.6332，反映出省级层面农村银行

网点分布的均衡特征更加显著。邮政储蓄银行网点的分布与区域经济发展水平的相关性更小,也呈下降趋势,GDP 的 HHI 指数由 1996 年的 0.0073 增加到 2006 年的 0.0143,区域网点规模和经济规模的相关系数由 1996 年的 0.8323 下降到 2006 年的 0.7759。邮政储蓄银行网点地理分布的这种变化使邮政储蓄银行网点有效填补了国有银行网点撤退后留下的金融服务空缺,但使其有可能重蹈国有商业银行网点分布的老路子,即均衡的空间分布、极低的经营效率。

**3. 尽管国有商业银行网点分布逐步走向市场,但历史形成的空间格局依然影响现在**

自我国四大国有商业银行成立以来,至 1996 年基本一直处于规模扩展阶段,然而依据计划行政原则的网点设置使国有银行网点的分布偏重于西部、中部(图 5-10、图 5-11)。1993 年东部省份四大国有商业银行网点与 GDP 的 G 指数除河北外都在 1.0 以下,其中上海、北京的 G 指数最小,只有 0.2 和 0.35。西部多数省份的 G 指数都在 1.5 以上,中部在 1~1.5。到 1996 年,四大国有商业银行机构分布偏重西部的特征就更明显。东部省份国有银行网点与 GDP 的 G 指数大部分在 0.75 以下,上海、北京 G 指数最小,分别只有 0.024 和 0.37。西部省份的 G 指数,除重庆、四川、广西外都在 1.5 以上。1998 年后国有商业银行开始进行网点分布调整,到 2001 年,空间调整效果并不明显,银行网点与 GDP 的 G 指数格局,依然是西部省份高,中部次之,东部省份低,并没有太大变化(图 5-12)。至 2006 年,银行网点与 GDP 的 G 指数空间格局变化比较明显,西部地区显著下降,东部地区的 G 指数有较大上升(图 5-13)。但历史形成的西部 G 指数较大、东部 G 指数较小的空间格局依然存在。2006 年东部地区国有商业银行网点的 G 指数大部分都在 1 以下,其中北京、上海、山东、广东、江苏 G 指数都在 0.75 以下,为全国(不包括港、澳、台)最低省份。这就是尽管从绝对总量上看,四大国有商业银行网点向东部地区集中的趋势明显,但相对于其 GDP 总量来说,目前东部地区的四大国有商业银行网点总量还没有达到市场要求的水平,国有商业银行网点还应进一步向东部地区集中。

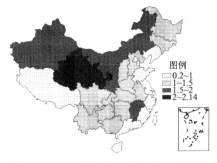

图 5-10 1993 年各省(自治区、直辖市)四大国有商业银行网点与 GDP 的地理联系指数 G 示意图

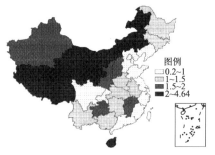

图 5-11 1996 年各省(自治区、直辖市)四大国有商业银行网点与 GDP 的地理联系指数 G 示意图

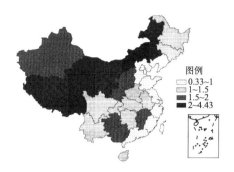

图 5-12 2001 年各省（自治区、直辖市）四大国有商业银行网点与 GDP 的地理联系指数 G 示意图

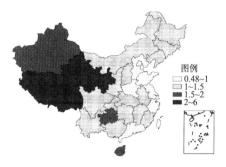

图 5-13 2006 年各省（自治区、直辖市）四大国有商业银行网点与 GDP 的地理联系指数 G 示意图

# 第四节 银行资产空间分布变化

## 一、存贷款区域差异变化

存贷款区域差异由小变大。20 世纪 90 年代前半期，自省级层面上看，贷款的分布比较分散，区域差异趋于缩小（表 5-3）。贷款 HI 指数和变异系数分别由 1990 年的 0.0459 和 0.6612 下降到 1994 年的 0.0442 和 0.6198。20 世纪 90 年代中期以后存款、贷款表现出显著的区域集中趋势，区域差异扩大。存款、贷款的 HI 指数分别由 1996 年的 0.0481 和 0.0565 增加到 2006 年的 0.0572 和 0.0603。各省（自治区、直辖市）间的 GDP、存款、贷款的变异系数分别由 1996 年的 0.7798、0.8819、0.7134 增加到 2006 年的 0.8695、0.9469、0.8946。存款地理与贷款地理相比，区域集中程度更高。与同期 GDP 相比，存款地理的区域集中程度始终大于 GDP，贷款的区域集中程度由小于 GDP 增加到大于 GDP。变异系数表现出和 HI 指数相同的变化趋势，区域间存款的差异始终大于区域间经济总量和贷款的差异，贷款的区域差异由小于 GDP 增加到大于 GDP。从时间上看，2000 年以后省（自治区、直辖市）间银行资产的差异显著扩大，银行资产的区域集中趋势显著。

表 5-3 1990～2006 年中国存款、贷款、GDP 的 HI 指数和变异系数

| 年份 | HI 指数 | | | 变异系数 | | |
|---|---|---|---|---|---|---|
| | 贷款 | 存款 | GDP | 贷款 | 存款 | GDP |
| 1990 | 0.0459 | 0.0486 | 0.0471 | 0.6612 | 0.7241 | 0.6892 |
| 1991 | 0.0456 | 0.0496 | 0.0479 | 0.6532 | 0.7446 | 0.7079 |
| 1992 | 0.0454 | 0.0519 | 0.0491 | 0.6490 | 0.7928 | 0.7341 |

| 年份 | HHI 指数 | | | 相关系数 | | |
|---|---|---|---|---|---|---|
| | 贷款 | 存款 | GDP | 贷款 | 存款 | GDP |
| 1993 | 0.0451 | 0.0509 | 0.0505 | 0.6421 | 0.7727 | 0.7647 |
| 1994 | 0.0442 | 0.0514 | 0.0511 | 0.6198 | 0.7831 | 0.7766 |
| 1995 | 0.0486 | 0.0573 | 0.0516 | 0.7237 | 0.8952 | 0.7867 |
| 1996 | 0.0481 | 0.0565 | 0.0512 | 0.7134 | 0.8819 | 0.7798 |
| 1997 | 0.0490 | 0.0573 | 0.0512 | 0.7332 | 0.8953 | 0.7787 |
| 1998 | 0.0496 | 0.0580 | 0.0513 | 0.7449 | 0.9075 | 0.7803 |
| 1999 | 0.0507 | 0.0595 | 0.0515 | 0.7690 | 0.9341 | 0.7857 |
| 2000 | 0.0517 | 0.0582 | 0.0521 | 0.7899 | 0.9109 | 0.7974 |
| 2001 | 0.0524 | 0.0586 | 0.0523 | 0.8033 | 0.9179 | 0.8016 |
| 2002 | 0.0539 | 0.0602 | 0.0525 | 0.8325 | 0.9455 | 0.8060 |
| 2003 | 0.0566 | 0.0620 | 0.0533 | 0.8822 | 0.9761 | 0.8203 |
| 2004 | 0.0565 | 0.0610 | 0.0537 | 0.8811 | 0.9603 | 0.8294 |
| 2005 | 0.0574 | 0.0609 | 0.0550 | 0.8975 | 0.9579 | 0.8544 |
| 2006 | 0.0572 | 0.0603 | 0.0559 | 0.8946 | 0.9469 | 0.8695 |

## 二、存贷款与经济总量区域分布差异

存贷款与经济总量区域分布差异日益显著。贷款 GDP、存款 GDP 的 HHI 指数分别由 1990 年的 0.0018 和 0.0040 增加到 2004 年的 0.0060 和 0.0102，之后又有所下降，2006 年为 0.0051 和 0.0082（表 5-4）。1990～2006 年 16 年间贷款 GDP、存款 GDP 的 HHI 指数分别增长了 2.83 和 2.05 倍，表现出贷款、存款的区域分布与经济总量的区域分布越来越不一致。用相关系数表示就是区域贷款、贷款总量与区域经济总量的相关系数不断下降，反映出银行资产流动性逐步增强，其中贷款在区域间的流动性增长更多。同期来看，区域信贷总量与区域经济总量的匹配程度高于区域存款与区域经济总量的匹配程度，表现为贷款 GDP 的 HHI 指数小于存款 GDP 的 HHI 指数。这一点也可从区域贷款、存款总量和 GDP 的相关系数上看出，相对于存款，信贷总量与区域经济总量的相关性更高。这表明，尽管 20 世纪 90 年代中期以来伴随我国银行体制改革，信用在区域间的分配模式发生了较大变化，计划、均衡配置色彩逐步淡化，信用流动性增强，但区域均衡分配的特征依然存在。

**表 5-4　1990～2006 年中国存款、贷款、GDP 之间的 HHI 指数和相关系数**

| 年份 | HHI 指数 | | 相关系数 | |
|---|---|---|---|---|
| | 贷款 GDP | 存款 GDP | 贷款 GDP | 存款 GDP |
| 1990 | 0.0018 | 0.0040 | 0.9393 | 0.8743 |
| 1991 | 0.0021 | 0.0040 | 0.9320 | 0.8801 |

续表

| 年份 | HHI 指数 | | 相关系数 | |
|------|---------|---------|---------|---------|
| | 贷款 GDP | 存款 GDP | 贷款 GDP | 存款 GDP |
| 1992 | 0.0023 | 0.0046 | 0.9317 | 0.8775 |
| 1993 | 0.0028 | 0.0040 | 0.9252 | 0.8913 |
| 1994 | 0.0040 | 0.0069 | 0.8929 | 0.8195 |
| 1995 | 0.0033 | 0.0068 | 0.9114 | 0.8544 |
| 1996 | 0.0029 | 0.0065 | 0.9195 | 0.8565 |
| 1997 | 0.0030 | 0.0069 | 0.9181 | 0.8506 |
| 1998 | 0.0031 | 0.0071 | 0.9147 | 0.8500 |
| 1999 | 0.0035 | 0.0078 | 0.9087 | 0.8440 |
| 2000 | 0.0043 | 0.0073 | 0.8913 | 0.8479 |
| 2001 | 0.0046 | 0.0079 | 0.8825 | 0.8176 |
| 2002 | 0.0056 | 0.0098 | 0.8664 | 0.8062 |
| 2003 | 0.0059 | 0.0099 | 0.8711 | 0.8162 |
| 2004 | 0.0060 | 0.0102 | 0.8699 | 0.8065 |
| 2005 | 0.0047 | 0.0079 | 0.9025 | 0.8526 |
| 2006 | 0.0051 | 0.0082 | 0.8948 | 0.8433 |

# 三、存款与贷款区域分布差异

贷款分布逐步与存款分布相匹配。1998 年以前我国一直施行信贷规模管理制度，而这一制度源自大一统银行体制下的现金管理的思想，在 1984 年实行存款准备金制度后，其制度设想是在存款大于当地贷款的资金充足地区，银行会将钱以超额准备金的方式回存至中央银行，以进行地区调剂，实现结构调整、总量控制目标（李宏瑾，2006）。当时的国家宏观经济管理也主要是通过对贷款规模的控制实施货币政策意图，实现政策目标。由于有信贷规模管理，即使区域存款规模很小，只要有信款规模，依然能够获得大量贷款。而地方政府处于发展当地经济的需要，总是介入银行信贷资金的使用（许秋起和刘春梅，2007；巴曙松等，2005），使各类金融资源的跨地区流动受到遏制，形成了现实中的中央政府、地方政府和银行三者共同配置信贷资源，从而使存款、贷款总量的区域分配特征在 20 世纪 90 年代中期以前，与一般市场经济国家信用追逐利润的区域分配特征相反，更多表现出空间平均配置的特征，区域所获得的信用总量与区域的存款总量并不十分匹配。

1990 年区域贷款与区域存款的地理联系率小于 0.8 的有 4 个省（自治区、直辖市），大于 1.20 的区域有 6 个区域，区域 G 指数的变异系数为 0.22（图 5-14）。到 1996 年区域贷款与存款不匹配的特征更加，区域贷款与区域存款的地理联系率小于 0.8 的有 3 个省（自治区、直辖市），分别是西藏、广东和北京；大于 1.20 的区域有 11 个省（自治区、直辖市），区域 G 指数的变异系数增加到

0.23（图 5-15）。1998 年国家取消了贷款规模管理，国有银行开始实现垂直化管理，上收地方分支机构的信贷审批权，地方政府对银行的干预越来越困难，资金、货币逐步回归其流动本性。因此 2000 年以来，区域贷款与存款不匹配的特征逐步消退，2006 年除西藏、北京、宁夏、浙江、贵州外，其余省份存款和贷款的地理联系率都在 0.8~1.2，区域 $G$ 指数的变异系数下降到 0.74（图 5-16、图 5-17）。

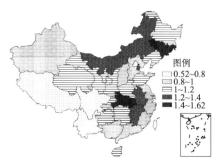

图 5-14　1990 年各省（自治区、直辖市）贷款与存款地理联系指数 $G$ 示意图

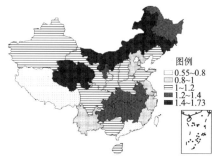

图 5-15　1996 年各省（自治区、直辖市）贷款与存款地理联系指数 $G$ 示意图

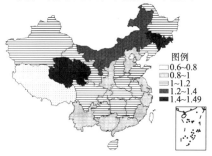

图 5-16　2001 年各省（自治区、直辖市）存款与贷款地理联系指数 $G$ 示意图

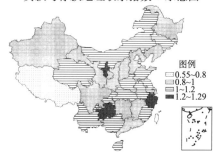

图 5-17　2006 年各省（自治区、直辖市）存款与贷款地理联系指数 $G$ 示意图

## 四、信贷配置重心变化

贷款分布逐步与存款分布相匹配。20 世纪 90 年代前半期，信贷空间配置呈现明显的均衡配置和向西部地区倾斜特征（图 5-18~图 5-21）。1990 年贷款和区域 GDP 的地理联系率 $G$ 指数的变异系数只有 0.24，极差为 0.88，为 20 世纪 90 年代以来的最小值。21 个省（自治区、直辖市）的信贷总量与经济总量 GDP 的地理联系率 $G$ 指数处于 0.75~1.25；只有云南、浙江、重庆 3 个省（自治区、直辖市）$G$ 指数小于 0.75，7 个省（自治区、直辖市）$G$ 指数大于 1.25。1996 年信贷配置呈现明显向西部地区倾斜的特征，除云南、重庆外，西部各省（自治区、直辖市）的 $G$ 指数都大于 1，$G$ 指

数小于1的主要是东部、中部省份，其中福建、江苏、浙江 $G$ 指数在 0.75 以下，东部、西部信贷资源配置差异加大，$G$ 指数的变异系数增大到 0.29，极差增加到 1.29。

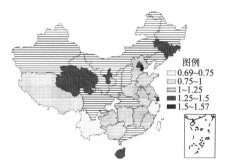

图 5-18　1990 年各省（自治区、直辖市）
贷款与 GDP 地理联系指数 $G$ 示意图

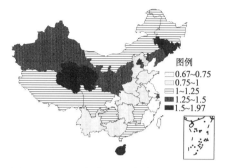

图 5-19　1996 年各省（自治区、直辖市）
贷款与 GDP 地理联系指数 $G$ 示意图

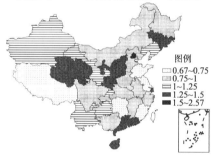

图 5-20　2001 年各省（自治区、直辖市）
贷款与 GDP 地理联系指数 $G$ 示意图

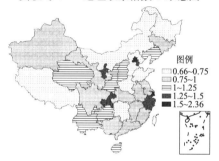

图 5-21　2006 年各省（自治区、直辖市）
贷款与 GDP 地理联系指数 $G$ 示意图

　　进入 21 世纪后，伴随我国信贷管理体制的改变和国有商业银行信贷管理权限的上收，信贷资源的区域分配重心开始向东部地区移动，尤其是向北京、上海国家金融中心城市集中趋势比较明显，东部地区信贷总量占全国的份额明显上升，中部、西部地区下降明显。2000 以来北京经济总量 GDP 占全国的比重一直在 3.4％左右，增加并不多，但其拥有的贷款总量则不断上升，由 2001 的 6.84％上升到 2006 年的 8.05％；贷款和 GDP 的 $G$ 指数由 1990 年的 1.44，1996 年的 1.53，上升到 2001 年的 2.57，位居全国首位。上海的经济总量占全国的比重由 2001 年的 4.8％下降到 2006 年的 4.49％，但其拥有的信贷资源总量由 2001 年的 6.46％增加到 2006 年的 7.09％，贷款和 GDP 的 $G$ 指数由 1990 年的 1.43，1996 年的 1.42，增加到 2006 年的 1.58。同时区域间信贷资源总量差异不断扩大，$G$ 指数的变异系数由 1996 年的 0.29 增加到 2006 年的 0.34，极差由 1996 年的 1.30 增加到 2006 年的 1.71，信贷资源区域配置出现明显分化，根据区域经济总量平均分配的特征逐渐消失。中部省份信贷资源拥有量下降明显，2006 年中部地区除山西外其他省份 $G$ 指数都小于 1，其中黑龙江、内蒙古、湖南、河南 4 个省份的 $G$ 指数小于 0.75。

# 第五节　本章结论

金融空间组织的变化表现为金融机构地理和金融资本地理两个方面的变化，金融资本地理比金融机构地理更容易发生变化，走向空间集中。20 世纪 90 年代以来由于中国银行业的巨大制度变迁，引发银行业空间组织的巨大变化，表现为银行服务的供给由典型的外生性走向市场，银行资产区域流动性增强，金融中心的集聚效应开始显现。

不同银行机构网点地理的变化不同。国有银行和农村银行的服务接近性大幅度降低，邮政储蓄银行服务接近性有所提高。在国有银行机构网点的撤并过程中，属于国家金融中心的北京、上海在国有银行机构地理格局中的地位不断上升，中部地区国有银行网点下降最多，东部地区增加显著。这使国有银行网点的分布由传统的计划、均衡分布走向市场；在省级尺度，金融机构地理越来越与区域发展格局一致。然而现阶段金融机构地理的集中指数并没有显著提高，将银行网点与区域经济总量相比较，东部地区的国有银行网点份额远低于其经济总量份额，历史形成的空间格局依然影响现在，国有银行网点有可能会进一步向东部地区集中。农村银行和邮政储蓄银行呈现显著的空间均衡分布特征。

金融资本流动地理发生较大变化，贷款、存款的地理集中趋势显著，流动性增强，区域信贷分配空间差异不断扩大，信贷配置重心逐步由西北部向东部转移。尽管东部地区所占份额有较大提高，但与其经济总量相比信贷资金向东部流动的趋势并不明显，但向北京、上海金融中心城市集中的趋势非常明显，金融资源流动的金融中心效应显现。贷款地理逐步与存款地理相匹配，一方面意味着区域获得的信用总量越来越具有内生性；另一方面也意味着外生的空间信用配给会通过存款乘数影响区域创造信用的能力。

金融资本流动地理空间汇聚与金融总部空间集中密切相关。作为金融流动网络的中枢和银行总部所在地，国家金融中心的主要意义在于成为金融资本流动的中心，而不是拥有多少银行分支机构。这点可从 2006 年北京、上海信贷份额居全国前两位，但机构份额居全国最后两位得到证明。与国际金融系统以明确界定的城市位置来运作一样，中国金融资本流动本性的回归也使金融资本开始向某些区域集中，尤其是金融中心城市集中，金融空间一体化特征显现。这会提高金融资本的空间配置效率和网点的运营效率，但资本的趋利本性极易形成对不发达区的金融排斥和空间信用配给，加剧区域不平衡发展，需要关注。

# 第六章 | 20 世纪 90 年代以来河南省银行业空间组织变化

不同地理尺度下的银行业空间组织会表现出不同特征。基于国家层面的分析表明，20 世纪 90 年代以来中国银行业空间组织发生了较大变化。国有商业银行网点空间分布模式逐步由计划走向市场，越来越与区域经济发展格局一致，但历史形成的空间格局依然影响现在；农村信用社和邮政储蓄银行机构网点，依据人口空间均衡分布特征更加显著。存款、贷款地理分布变化远比银行机构网点地理变化大，信用流动性显著增强，向北京、上海金融中心城市集中趋势显著，金融中心效应突出。那么在省域范围内，银行业空间组织又是如何变化的，其对不同地方经济发展的影响如何，本章将以河南为例对此进行分析。

本章包括五节：第一节为数据来源和研究方法；第二节为银行机构网点地理变化分析，首先分机构类型对不同银行机构网点的地理变化进行分析，然后对不同时期不同银行机构网点设置的影响因素进行研究；第三节为银行资产地理变化分析，包括存款、贷款地理变化两个方面；第四节对信贷资金区域流动性与配置进行了分析；第五节分析了银行机构地理变化与银行资产地理变化的关系；第六节分为本章结论。

## 第一节 数据来源与研究方法

分析时段选取 1990 年和 2006 年两年，分别作为我国两种银行体制下银行业空间组织的代表。改革开放以来，我国的银行体制改革从内容上看，可分为两个阶段。第一个阶段是改革开放至 20 世纪 90 年代中期。改革的主要内容以改变新中国成立以来建立的中国人民银行一统天下的银行体系，建立和完善以工、农、中、建四大专业银行为主体的银行体系。专业银行体系的建立是我国银行业发展的一个重要转折，并确立了中国金融体制向现代市场金融体制转变的基础。河南的银行体系也在此改革过程中，于 20 世纪 80 年代末初步建立了适应经济发展需要的以中央银行——中国人民银行为领导，以四大专业银行为主体，多种金融机构并存的银行体系。到 1990 年年初，全省银行类金融机构总数 17 102 个，其中中国人民银行 137 个，基本上每县（市）和省辖市一个；国家专业银行机构网点 7997 个，其他非银行金融机构网点 9000 多个（中国人民银行河南省分行，1991）。第二个阶段是 20 世纪 90 年代中期以来以改变专业银行体制，建立商业银行体系为目标的一系列改革。1994 年我国确立了专业银行的商业化改革方向，各专业银行除了保留由各自历史形成的具有一定优势的某种特殊业务之外，均成为业务综合性的商业银行，并扩展了某些非传统的商业银行业务范围。1998 年开始实质性推进国有商业银行的市场化，包括大规模的机构撤并、不良资产剥离、转变经营机制、健全管理制度、加强风险管理等。2003 年以来以建立现代金融企业为目标，以股份制改造为重点，我国各银行机构先后开始了银行资本结构、组织结构和基层网点转型的改革。本章选择 1990 年作为 20 世纪 90 年代中期以前专业银行体制下银行业空间组织的代表，2006 年用于反映在新一轮银行改革浪潮下，银行业空间组织的变化。

河南各区域 1990 年的银行网点数据来自中国人民银行河南省分行主编，河南人民出版社 1991 年出版的《河南省金融机构地图》；2006 年的数据来自中国银行业监督管理委员会网站；其他经济、人口、存贷款数据来自《河南统计年鉴》和《河南金融年鉴》相关年份。分析方法由两部分组成。首先采用地图分析技术分析河南省银行业相关变量空间分布的变化特征。为了消除各年绝对规模的影响，采用相对指标，即各县市总量占全省总量的份额变化进行分析。地域单元根据河南 2006 年的行政区划进行统一调整，将县、县级市和省辖市并列共计 126 个地域单元。其次建立计量模型分析不同时期影响银行相关变量空间分布的因素。

# 第二节　银行机构网点地理变化

## 一、银行机构网点数量和结构变化

河南省的银行机构主要包括国有商业银行、政策性银行、股份制银行、城市商业银行、城市信用社、农村信用社、邮政储蓄银行，以及财务公司、信托投资公司等[①]。从业务地域可将这些银行机构划分为两类——外来型银行和本地型银行（武魏等，2007）。外来型银行包括四大国有银行、政策性银行、股份制银行、邮政储蓄银行，以及一些跨区域经营的外资银行和财务公司。本地型银行主要包括以农村信用社为主的农村银行和和以城市信用社、城市商业银行为主的城市银行，以及一些地方性财务公司、信托投资公司等。本章分析中，将要关注这五类银行，即四大国有银行、政策性银行、股份制银行、城市银行（包括城市商业银行和城市信用社）和农村信用社。20 世纪 90 年代以来河南省银行机构网点数量和结构变化具有以下两个特征。

1. 银行网点数量大幅下降

改革开放以来巨大的制度变迁，使我国银行业的经营主体、经营战略、运行

---

① 河南银监局编．河南银监局监管统计年鉴（2006 年卷）。

机制和企业行为发生了较大变化。改革开放至 1997 年以前，银行业以粗放经营为特征，机构、规模一直处于扩张之中，机构网点和人员不断增加，经营效率不断下降。20 世纪 90 年代后半期伴随着银行业经营指导思想的变化，银行业开始规模收缩、结构重组和追逐经营效率。先是四大国有商业银行机构网点的规模压缩和地域分布调整，后逐步波及地方性银行机构。河南的银行业也经历了这样一个过程，基本上以 1995 年为界，之前处于规模扩张之中，之后开始规模收缩。除邮政储蓄银行和民营股份制银行外，其他银行网点、人员都有大幅下降。以四大国有商业银行职工为例，1990 年四大国有商业银行共有职工 69 131 人；1995 年增长到 94 627 人；1996 年为 91 852 人，开始下降；1998 年为 88 967 人；2005 年下降为 61 419 人（图 6-1）。全省银行机构网点由 1989 年的 16 989 个增加到 1995 年的 21 671 个，2006 年下降到 11 959 个，只有 1990 年的 70%。在此过程中，网点经营效率显著提高，但网点接近性大幅下降。单位 GDP 网点由 1990 年的 19.97 个下降到 1995 年的 7.25 个，2006 年为 0.95 个；单位网点 GDP 由 1990 年的 500 万元增加到 2006 年的 1.05 亿元；每万人网点由 1990 年的 2 个增加到 1995 年的 2.38 个，2006 年下降到 1.21 个。

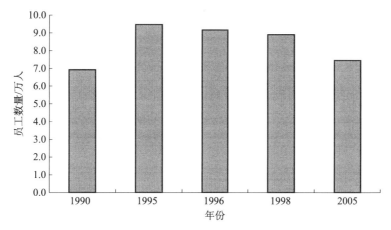

图 6-1　河南四大国有商业银行员工数量变化

资料来源：由《河南金融年鉴》相关年份数据计算

2. 由以四大国有商业银行为主变为以地方性银行机构——农村信用社为主

不同类型银行网点增长过程不同。国有商业银行网点先升后降，占全省的比例由 1990 年的 46.87% 上升到 1995 年的 54.42%，2006 年下降到 26.44%。地方性银行机构——农村信用社和城市银行与国有商业银行的变化方向相反，先降后升，网点占全省的比例分别由 1990 年的 40.57% 和 3.96%，下降到 1995 年的 33.61% 和 2.20%，2006 年又分别上升到 48.34% 和 4.31%。至 2006 年农村信用社成为河南的主要银行机构。邮政储蓄银行基本上一直处于规模扩张之中，特别是1995年以后由于国有商业银行大规模的网点撤并，扩张速度加快，占全省银行网点的比例由1990年的8.59％上升到1995年的9％，2006年为18％。股份制银行也处于快速发展之中，但所占比例很小。16年间河南银行网点结构发生巨大变化（图6-2）。

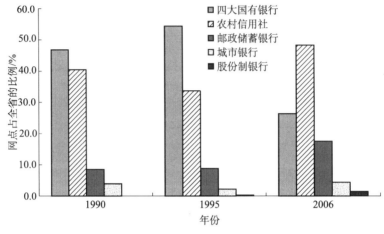

图6-2　河南省银行机构网点数量结构变化

# 二、银行机构网点空间分布变化

伴随河南省银行机构网点的增长、收缩过程，是银行机构网点空间分布的不断调整。在此过程中不同机构和不同地域表现出不同的特征。

## （一）银行机构网点地理地域分化显著

### 1. 县和县级市银行网点数量大幅度下降，省辖市下降较少

1990年河南省银行机构网点共计16 965个，2006年下降到11 802个，只有1990年的70％，16年间减少了5163个网点。但各地域银行网点减少数量不等，县和县级市银行网点数量大幅度下降，省辖市下降较少。2006年大部分县（或县级市）银行网点只有1990年末网点规模的75％，有些县甚至不到1990年末银行网点规模的50％，如卢氏县只有1990年末银行网点规模的36％（图6-3）。银行网点关闭的地域选择性，使省辖市在银行机构网点布局中的地位相对上升。17个省辖市银行网点规模占全省的比例由1990年的23.3％增加到2006年的34.5％。县和县级市的银行网点规模比例由1990年的76.7％下降到2006年的65.5％。银行网点密度差异也非常显著，2006年河南109个县（县级市）每万

人银行网点平均为 1.06，17 个省辖市平均为 2.3。

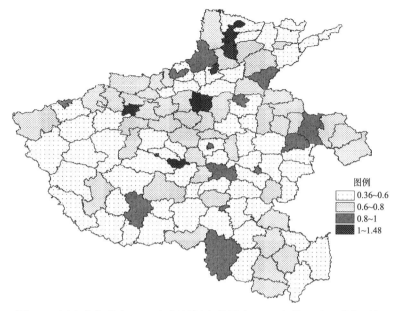

图 6-3　河南省各县市 2006 年银行网点数量占 1990 年的比重（单位：%）

### 2. 省辖市和县（县级市）银行结构分化显著

省辖市主要表现为国有银行网点数量的下降，而县（县级市）则表现为国有银行网点、城市和农村信用社网点同时下降，致使省辖市和县（县级市）网点结构发生明显分化，省辖市银行机构由以国有银行占据主导地位逐步演变为以国有银行和农村信用社为主，而县市则以农村信用社和邮政储蓄银行为主（图 6-4、图 6-5）。

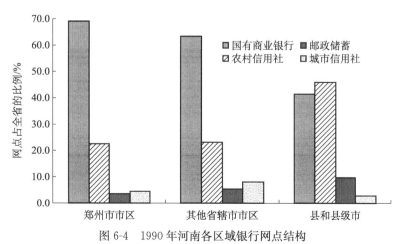

图 6-4　1990 年河南各区域银行网点结构

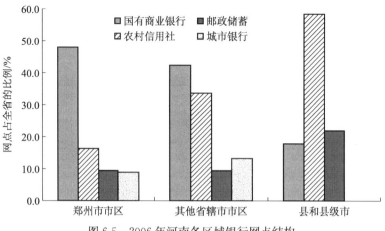

图 6-5　2006 年河南各区域银行网点结构

### 3. 省会城市郑州市日益成为全省银行业的集聚地

在银行机构网点的调整过程中，与 1990 年相比，郑州市成为唯一一个各类银行机构网点、每万人网点、国有商业银行网点数量都有增加的城市。其网点规模占全省的比例由 1990 年的 3.21% 上升到 2006 年的 6.8%。每万人网点 2006 年为 3.07，远高于全省 126 个地域单元 1.23 的平均数和河南 17 个省辖市 2.03 的平均数。作为全省的经济、政治、文化中心，省会城市郑州市日益成为全省金融服务业的集聚地。

### （二）不同银行机构网点地理变化不同

#### 1. 国有商业银行向省辖市集中趋势明显，网点关闭格局与城市等级密切相关

河南国有商业银行机构网点减少最多。2006 年河南四大国有商业银行的网点规模只有 1990 年的 40%，每万人国有商业银行网点数由 1990 年的平均 1.02，下降到 2006 年的平均 0.3，大部分县市不足 0.2。网点关闭格局与城市等级密切相关，省辖市银行网点数量增加或减少很少，县（县级市）网点关闭较多。向省辖市集中趋势显著，尤其是向省会城市郑州市集中（图 6-6、图 6-7）。17 个省辖市拥有的国有商业银行网点总量占全省的比例由 1990 年的 31.49% 上升到 2006 年的 56.04%；郑州市区国有商业银行网点数占全省的比例由 1990 年的 4.37% 增加到 2006 年的 12.18%；而 109 个县和县级市拥有的国有商业银行网点比例则由 1990 年的 68.06% 下降到 2006 年的 43.96%。2006 年大部分县和县级市国有商业银行网点不足 1990 年的 30%，最少的社旗县只有 1990 年网点总量的 6%。而省辖市国有商业银行网点规模都在 1990 年的 50% 以上。国有商业银行网点规模的大幅度下降和地域调整，对河南银行机构地理的形成具有决定性的影响。

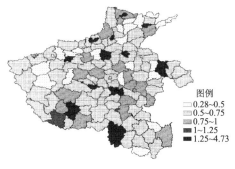 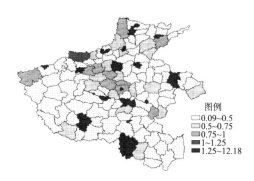

图 6-6  1990 年河南各县市国有银行
网点占全省份额示意图（单位:%）

图 6-7  2006 年河南各县市国有银行
网点占全省份额示意图（单位:%）

2. 城市银行以所在城市为发展空间、股份制银行以郑州为基地的空间发展
策略加剧河南银行机构向省辖市的集中趋势

城市银行包括城市信用社和城市商业银行，前者诞生于改革开放后，当时的
业务定位是为中小企业提供金融支持，为地方经济搭桥铺路；后者形成于 20 世
纪 90 年代中期，是中央金融主管部门整肃城市信用社、化解地方金融风险的产
物。1995 年按照国务院的部署，完成股份制改造的城市信用社成为地方股份制
性质的城市商业银行，没有完成股份制改造的仍为城市信用社。截止到 2006 年
年底，河南省共有 6 家城市商业银行，11 家城市信用社。城市商业银行的经营
方针定位于"服务地方经济、服务中小企业、服务城市居民"。这样的定位使城
市银行的经营活动基本上以所在城市为地域界限，不再拥有县以下区域的经营网
点。因此，20 世纪 90 年代城市银行地理的突出变化是向省辖市的收敛（图 6-8、
图 6-9）。而民营股份制银行的中心城市发展策略使进驻河南的银行网点主要集中
于郑州市，这又加剧了河南银行机构地理的区域集中。

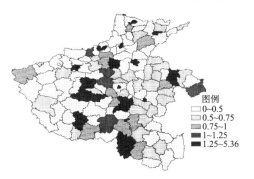 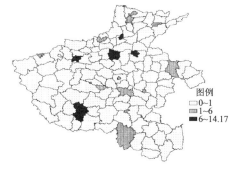

图 6-8  1990 年河南各县市城市银行
网点占全省份额示意图（单位:%）

图 6-9  2006 年河南各县市城市银行
网点占全省份额示意图（单位:%）

### 3. 农村信用社存在向城市挤入现象

农村信用社原本服务地域是农村区域。相对于河南的国有商业银行、城市银行和民营股份制银行机构网点地理来说，农村信用社的机构网点地理呈现相对的空间均衡分布特征。区域间农村信用社机构网点份额的极差、变异系数较小，省辖市和县（县级市）分化不太明显。但在 20 世纪 90 年代后期的银行机构地理调整过程中，省辖市农村信用社网点数量不断增加，个别城市即使有减少也是很少，而县和县级市农村信用社网点数量却大幅度减少。1990～2006 年河南 17 个省辖市农村信用社机构网点平均增加了 42％，而 109 个县（县级市）平均下降了17％。17 个省辖市拥有的农村信用社机构网点由 1990 年占全省的 13.29％增加到 2006 年的 21.42％，而 109 个县（县级市）则由 86.71％减少到 78.58％。在河南银行机构网点地理调整过程中，省辖市主要表现为国有商业银行机构网点的减少，而县及县以下行政区域不仅表现为国有银行网点的大幅减少，而且农村信用社机构网点也在减少。农村信用社机构网点分布调整的结果是，农村信用社服务农村地区的特征弱化，存在向城市挤入现象（图 6-10、图 6-11）。

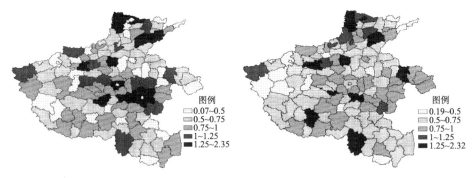

图 6-10　1990 年河南各县市农村信用社网点占全省总量的比重示意图（单位:％）　　图 6-11　2006 年河南各县市农村信用社网点占全省总量的比重示意图（单位:％）

### 4. 邮政储蓄银行空间均衡分布特征越发显著

与 1990 年的网点规模相比，2006 年四大国有商业银行、农村信用社、城市银行的机构网点数量都有大幅减少，只有邮政储蓄银行网点总量在增加。从区域等级来看，如上文分析，省辖市国有银行机构网点的减少主要由农村信用社来弥补，而以县和县级市为行政单元的广大农村地区银行机构网点的减少则由邮政储蓄银行机构网点的增加填补。1990～2006 年河南 109 个县（县级市）邮政储蓄网点平均增长 98％，虽然低于省辖市 1.25 倍的增长，但县域邮政储蓄网点密度已有较大提高，邮政储蓄成为县及县以下行政区域最主要的金融机构，邮政储蓄银行机构的空间均衡分布特征更加显著。邮政储蓄银行有效填补了国有商业银行从县及县以下地域撤出和农村信用社机构网点减少后形成的金融服务空缺，成为农村区域主要的金融机构，空间均衡分布特征越发显著（图6-12、图6-13）。

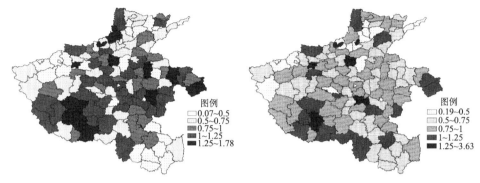

图6-12　1990年河南各县市邮政储蓄网点
占全省总量的份额示意图（单位:%）

图6-13　2006年河南各县市邮政储蓄网点
占全省总量的份额示意图（单位:%）

## 三、银行机构网点空间分布影响因素

### （一）指标选择与模型建立

根据已有的研究，中国欠发达地区银行业机构地理的变化主要受行政因素和经济因素两大因素的影响（李小建等，2006）。20世纪90年代中期以前，中国金融机构的设置具有浓厚的行政色彩，经济利润方面的考虑置于次要地位，人口规模、行政区划成为影响中国银行机构分布的重要因素。20世纪90年代后期的金融体制改革使银行经营中的行政色彩逐步淡化，经济利益考虑日益居于重要地位，其中城市等级成为影响银行机构分布的一个重要因素。在已有研究基础上，本章将影响河南银行机构网点分布的因素归结为经济因素、城市等级、计划因素三个方面。经济因素选用人均GDP（rjgdp）和第二产业比重（cy）两个变量反映。计划因素用人口变量（rk）和行政区划数目（xzqh）两个变量反映，前者采用县市年末人口总量，后者采用县市乡镇街道办事处数量。城市等级用虚拟变量$D$表示，$D$取1代表省辖市，取0代表县或县级市，$c$为常数项，模型设计为

$$jg=c+c_1rjgdp+c_2cy+c_3rk+c_4xzqh+c_5d \qquad (6-1)$$

为消除量纲和异方差对所有变量（除$D$外）取对数。使用Eviews 5.1软件，分别对1990年和2006年各县市银行网点数量（jg）进行回归分析，剔除不显著变量，最终结果见表6-1。

**表 6-1　河南省银行机构网点空间分布影响因素分析结果**

| 变量 | 1990 年 | | | | 2006 年 | | | |
|---|---|---|---|---|---|---|---|---|
| | 网点总数 | 四大国有商业银行 | 农村信用社 | 邮政储蓄银行 | 网点总数 | 四大国有商业银行 | 农村信用社 | 邮政储蓄银行 |
| $c$ | — | — | — | — | −1.7 | −7.12 | −1.43* | −2.12 |
| rk | 0.62 | 0.32 | 0.60 | 0.56 | 0.56 | 0.55 | 0.65 | 0.52 |
| rjgdp | 0.32 | 0.25 | 0.21 | — | 0.33 | 0.68 | 0.25 | 0.17 |
| xzqh | — | 0.29 | — | — | 0.20* | 0.33* | — | 0.38 |
| $D$ | 0.26 | 0.68 | −0.25** | — | 0.62 | 1.26 | 0.15** | −0.23 |
| 修正 $R^2$ | 0.74 | 0.85 | 0.34 | 0.22 | 0.87 | 0.85 | 0.59 | 0.64 |

注：＊表示显著水平为 5％，＊＊表示显著水平为 10％，未标注的系数显著性水平在 1％以下。

## （二）结果分析

**1. 人口规模为各类银行机构空间分布的重要影响因素**

区域人口规模显著进入各类银行机构网点方程。1990～2006 年区域人口规模一直是农村信用社和邮政储蓄银行机构网点分布的最重要影响因素，远超过人均 GDP 的影响。20 世纪 90 年代初人口规模也是四大国有商业银行网点设置的最重要影响因素，但伴随我国银行体制改革的推进，人口因素对四大国有商业银行网点设置的影响逐步下降，到 2006 年人口影响已居经济发展因素之后。

**2. 经济发展水平对银行机构网点分布的影响上升**

1990 年经济发展变量中，区域人均 GDP 对银行网点设置的弹性系数远低于人口变量，对所有网点设置的影响系数只有 0.32，对农村信用社网点设置的影响系数只有 0.21，人均 GDP 甚至没有进入邮政储蓄网点方程。2006 年经济发展变量显著进入全部方程，对四大国有商业银行网点设置影响居于首位，超过人口和行政区划变量。然而产业结构变量始终没有进入各时期不同银行机构网点方程。

**3. 城市等级对银行机构网点分布的影响日益显著，尤其对国有商业银行机构网点分布的影响越来越大**

1990 年城市等级变量只进入国有商业银行网点方程，2006 年进入全部方程，但对不同的银行机构影响不一样。2006 年城市等级对邮政储蓄银行机构网点设置的影响为负，对农村信用社机构设置的影响为正，但虚拟变量 $D$ 系数很小，只有 0.15。这意味在控制人口、经济发展水平、行政区划后，2006 年省辖市邮政储蓄银行机构网点规模小于县及县以下地区，农村信用社则相反，这与上文对邮政储蓄、农村信用社机构地理变化的分析结论一致，即农村信用社存在向城市挤入现象，邮政储蓄银行空间均衡分布特征更加显著。等级制的国有银行管理体制，使城市等级对国有商业银行的机构设置影响历来比较显著，随着银行体制改革的推进和国有商业银行向县以上行政单元的集中，城市等级变量对国有商业银行网点设置的影响越来越大，虚拟变量 $D$ 的系数由 1990 年的 0.68 增加到 1.26。

4. 行政区划变量对国有商业银行机构设置有显著影响，但影响在下降，对农村信用社机构网点设置没有影响，但开始影响邮政储蓄银行的机构网点分布

依附于行政体制的国有银行，从其成立之日起，人口、行政区划就成为其机构网点设置的重要影响因素，区域经济发展水平对机构网点设置的影响处于次要地位。但到 2006 年，行政区划因素对国有商业银行机构网点设置的影响已低于区域人均 GDP 和人口规模的影响，成为影响国有商业银行机构网点分布的次要因素。行政区划变量始终没有进入农村信用社机构网点方程。随着邮政储蓄银行规模的扩大，行政区划因素对其机构网点设置的影响日益显著，2006 年超过区域经济发展水平变量，成为仅次于人口规模的影响邮政储蓄银行机构网点分布的另一重要因素。

## 四、银行机构网点地理变化总结

（1）20 世纪 90 年代以来，河南的银行网点数量、结构和分布地理发生了较大变化。银行网点数量大幅度下降，2006 年的银行机构网点规模只有 1990 年年初的 70%，其中国有银行机构网点减少最多。与发达国家金融机构网点关闭格局与收入、阶层地理关系密切不同（Leyshon and Thrift，1997），中国欠发达地区银行机构网点关闭的格局与城市等级密切相关，高等级城市网点关闭较少，低等级城市网点关闭较多。网点结构发生较大变化，由以四大国有商业银行为主变为以地方性银行机构——农村信用社为主。但不同等级的城市存在明显分化，省辖市仍以国有银行网点为主，县和县级市由以四大国有商业银行为主变为以农村信用社和邮政储蓄银行为主。

（2）银行机构地理调整过程中，不同银行机构空间调整策略不同。国有商业银行向省辖市集中趋势明显，城市银行以所在城市为地域空间发展，农村信用社有向城市发展趋势，服务农村区域的地理特征弱化，邮政储蓄银行空间均衡特征更加显著。银行机构地理变化的结果形成了河南银行机构地理中的城市等级现象，省辖市和县（县级市）分化明显。从空间上看，由于省会城市的区位优势，郑州市成为河南省银行机构的集中地，2006 年拥有全省银行网点的 6.8%，国有银行网点的 12.18%，并且在 20 世纪 90 年代后期银行管理日益集权化过程中日益成为河南银行机构地理的控制中心。

（3）不同历史时期，不同银行机构之间，网点设置的影响因素有所不同。区域人口规模始终为银行机构网点设置的重要因素，区域经济发展水平的影响在上升。在计划体制的影响下，由于国有银行是非独立的经济部门，风险、成本、利润约束较小，银行机构网点的设置并不遵从经济原则，区域人口规模、行政区划单元的多少成为国有银行机构网点设置的最重要因素，很多地方存在银行网点过渡进入，银行网点的经营效率较低。在 20 世纪 90 年代后期开始的银行机构网点

撤并过程中，区域经济发展水平和城市等级越来越成为影响国有商业银行网点布局的重要因素，行政区划单元的影响下降。农村信用社和邮政储蓄银行的网点分布主要依据人口规模因素，但区域经济发展变量的影响在上升，城市等级对其网点布局的影响初见端倪，但对农村信用社的影响为正，对邮政储蓄银行的影响为负。

（4）银行机构地理变化的结果使不同区域获得的银行服务存在等级差别。银行机构网点的大规模撤并，虽然使银行网点的经营效率极大提高，但形成了不同区域间银行服务获得性的重大差别。首先是网点接近性差别，县及县以下行政单元银行机构网点密度远小于省辖市；其次是银行服务内容的差别，高等级城市拥有综合性的现代银行服务，而低等级城市以传统银行服务为主，县及县以下区域则以一般的结算、汇兑、吸收存款业务为主，很多银行网点没有贷款功能，银行服务地理中的城市等级现象凸现。这极易形成金融资源获得、分配方面的不平衡，形成金融资源由经济落后区流向经济发达区，加剧区域经济发展的极化现象，抑制经济落后地区的发展，扩大区域间的经济发展差距。

# 第三节　银行资产地理变化

## 一、银行资产规模和结构变化

伴随着我国金融体制改革的推进和经济的快速发展，经济的货币化程度和金融中介的发展也走出了长期的抑制状态，呈现快速发展态势。一方面是金融资产规模快速增长，经济货币化、金融化程度不断提高，金融与经济发展的关系越来越密切；另一方面是金融市场化不断发展，国有金融资产规模不断下降。在此发展过程中，河南的银行资产规模和结构也发生了巨大的变化。

1. 银行资产增长较慢，与全国平均水平差距扩大

1990 年以来河南银行资产增长较慢，1990 年金融比率为 1.46，2003 年上升为 2.04，2006 年又下降为 1.60，年均增长 0.65%，远低于河南人均 GDP 16.85% 的年均增长速度（图 6-14）。和全国相比，尽管河南的人均 GDP 和全国的差距在缩小，但银行资产规模自 1995 年以来和全国的差距不断扩大，2003 年以来和全国的差距急剧扩大。人均储蓄资源、单位 GDP 存款、单位 GDP 贷款，均低于全国平均水平，并呈差异逐渐扩大趋势。

2. 国有银行资产持续下降，地方性银行资产比重上升

国有银行存款占河南金融机构存款的比重由 1990 年的 73% 持续下降到 2006 年的 50%；国有银行贷款占河南金融机构贷款的比重由 1990 年的 82% 持续下降到 2006 年的 41%；贷存比由 1990 年的 1.46 下降到 2006 年的 0.61，贷款比存款下降更多，反映出国有银行信贷资源对河南经济增长贡献的下降和河南国有银

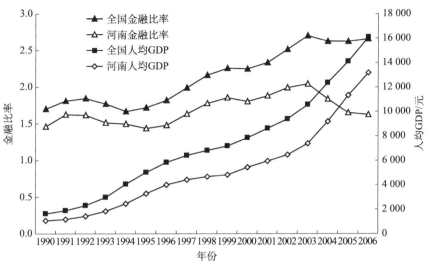

图 6-14　1990～2006 年河南省和全国金融比率和人均 GDP

行存款资源的流出（图 6-15）。而以农村信用社为主体的河南地方性银行资产份额不断上升。1990～2006 年尽管农村信用社存款占金融机构存款的比重由 20％下降到 18％，但贷款占金融机构贷款的比重则由 12％持续上升到 18％，农村信用社成为河南国有银行之后重要的信贷资源供给银行机构。2006 年四大国有商业银行、农村信用社、股份制银行、城市银行、政策性银行分别占河南存款市场的 50％、17％、14％、8％、1％（其余市场份额为邮政储汇局、财务公司和信托投资公司），贷款市场的 41％、18％、14％、7％、20％。银行资产结构发生了较大变化。

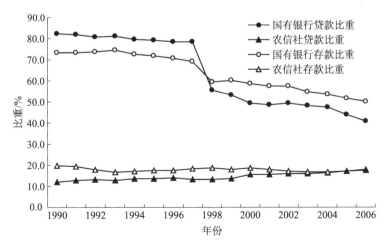

图 6-15　1990～2006 年河南省国有银行和农村信用社
存款、贷款占金融机构存款、贷款比重
注：1998 年以前为国家银行存贷款，之后仅包括四大国有商业银行的存贷款

## 二、银行存款与贷款地理变化

1. 信贷资源的区域分配由向经济落后地区倾斜转为向经济发达区集中

1990 年河南省的银行贷款在各县市间的分布呈现明显的空间相对均衡分布，除西部山区一些县市外信贷份额较低外，大部分县市信贷份额都在 0.4～1（图 6-16）。并且东部经济欠发达地区信贷资源份额显著高于存款份额，信贷资源的分配呈现向经济落后地区倾斜的特征。县市间贷款份额差别不大，极差只有 10.6%，为 20 世纪 90 年代以来最小值；同期存款份额极差为 15.78%，大于贷款份额极差。1995 年以后县（县级市）贷款份额显著减少，但在东部经济欠发达区依然是贷款份额高于存款份额（图 6-17、图 6-18）。到 2006 年贷款分布就呈现显著的向中心城市集中特征，县和县级市贷款份额大幅度减少，大部分县（县级市）贷款总量占全省的比重在 0.4 以下（图 6-19）。信贷份额极差高达 32.17%，为 20 世纪 90 年代以来最高值，而同期存款份额极差只有 27.58%，贷款与存款相比区域集中程度更高。

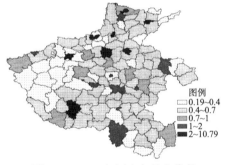

图 6-16　1990 年河南各县市贷款
占全省比重示意图（单位：%）

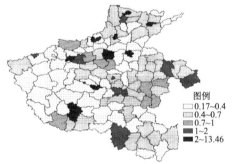

图 6-17　1995 年河南各县市贷款
占全省比重示意图（单位：%）

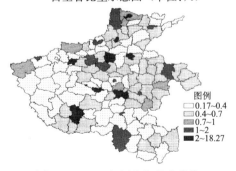

图 6-18　2000 年河南各县市贷款
占全省比重示意图（单位：%）

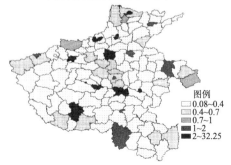

图 6-19　2006 年河南各县市贷款
占全省比重示意图（单位：%）

2. 银行存款、贷款走向区域集中，区域间差异扩大

1990年河南县市间银行存款、贷款的HI指数分别为0.040和0.025，到2006年分别增加到0.088和0.115（表6-2）。其中贷款HI指数增长了3.6倍，地理集中程度远高于存款。从时间上看，2000年以后存款、贷款的地理集中度提高显著，贷款地理的变化更大。贷款HI指数由原来的小于存款HI指数，于2002年增加为与存款HI指数等值，2006年为存款HI指数的1.31倍。区域间存款和贷款变异系数表现出和HI指数同样的特征，区域间差异不断扩大，贷款区域差异由原来的小于存款区域间差异增加到大于存款区域间差异。横向来看，区域存款、贷款总量与区域GDP总量的相关系数不断减小，表现出银行资本区域间流动性增加。而区域存款和区域贷款量的相关性在不断提高，区域存款与区域信用总量之间的关系日益密切。

表6-2　1990~2006年河南各县市银行存贷款和GDP的HI指数、变异系数和相关系数

| 年份 | HI指数 | | | 变异系数 | | | 相关系数 | |
|---|---|---|---|---|---|---|---|---|
| | 存款 | 贷款 | GDP | 存款 | 贷款 | GDP | 存款GDP | 贷款GDP |
| 1990 | 0.040 | 0.025 | 0.014 | 2.029 | 1.482 | 0.894 | 0.909 | 0.932 |
| 1995 | 0.050 | 0.033 | 0.015 | 2.32 | 1.773 | 0.950 | 0.908 | 0.928 |
| 1997 | 0.047 | 0.034 | 0.014 | 2.214 | 1.808 | 0.887 | 0.895 | 0.910 |
| 1998 | 0.047 | 0.035 | 0.014 | 2.232 | 1.866 | 0.884 | 0.899 | 0.898 |
| 1999 | 0.053 | 0.042 | 0.014 | 2.400 | 2.066 | 0.899 | 0.880 | 0.878 |
| 2000 | 0.063 | 0.045 | 0.015 | 2.637 | 2.158 | 0.944 | 0.891 | 0.898 |
| 2001 | 0.078 | 0.068 | 0.015 | 2.979 | 2.771 | 0.964 | 0.879 | 0.862 |
| 2002 | 0.084 | 0.084 | 0.016 | 3.102 | 3.110 | 0.982 | 0.880 | 0.856 |
| 2003 | 0.090 | 0.102 | 0.017 | 3.232 | 3.446 | 1.057 | 0.874 | 0.844 |
| 2004 | 0.088 | 0.112 | 0.017 | 3.186 | 3.629 | 1.046 | 0.882 | 0.854 |
| 2005 | 0.085 | 0.123 | 0.015 | 3.121 | 3.826 | 0.970 | 0.871 | 0.836 |
| 2006 | 0.088 | 0.115 | 0.015 | 3.182 | 3.677 | 0.968 | 0.862 | 0.837 |

注：1991~1994年和1996年相关统计数据缺失，未进行计算，表6-3、表6-4、表6-5同。
资料来源：由《河南统计年鉴》相关年份数据计算。

3. 信贷资源区域分配中的集中现象主要由国有商业银行的区域信用分配引起

20世纪90年代的银行体制改革使河南的存款、贷款市场结构发生了较大变化，突出表现为四大国有商业银行市场份额的下降，民营股份制商业银行和以农村信用社、城市商业银行为主体的地方性银行机构市场份额的上升。在银行市场结构发生变化的同时，不同市场主体存款、贷款的区域分布模式也发生了变化。国有商业银行从县及以下地缘单元的撤退和信贷管理权限的上收，使国有商业银行的信贷资源区域分配明显向省会城市郑州市倾斜，县和县级市处于劣势。贷款地理集中程度远高于存款（图6-20、图6-21）。2006年郑州市四大商业银行的存款份额占全省的26.28%，但信贷份额占全省的36.63%，与此对照河南109个

县和县级市存款份额占全省的 38.34%，信贷份额占全省的 26.18%，前者是信贷份额超出存款份额 10.35 个百分点，后者是存款份额超出信贷份额 12.16 个百分点，县域存在明显的信贷资源流失问题。其他省辖市国有商业银行信贷份额与存款份额基本匹配。农村信用社存款、信贷资源的空间分布比较均衡（图 6-22、图 6-23）。2006 年县市存款、贷款的变异系数均为 0.48，远小于国有商业银行的存款、贷款变异系数 2.67 和 1.97，并且存款份额与贷款份额基本匹配。政策性银行农业发展银行的信用分配明显向豫东平原农区倾斜（图 6-24、图 6-25）。

河南信贷资源区域分配中的集中现象主要由国有商业银行信用的区域分配模式引起。其次是邮政储蓄银行，广泛分布于农村地区的邮政储蓄银行只吸收存款，不发放贷款，从而加剧了县域信用资源的流失。农村信用社信贷资源的区域分配相对均衡，农业发展银行的信贷资源分配发挥区域平衡机制，明显向豫东平原区域倾斜。从不同地域来说，省辖市有城市商业银行或城市信用社、民营股份制商业银行、国有商业银行、农村信用社和其他非银行类金融机构，获得信用的渠道远高于县域。县域尽管有农业发展银行，但业务范围较窄，信贷总量较小，对县域发展贡献有限；邮政储蓄银行只吸收存款，不发放贷款；信用社实力有限。因此，县域获得信用的渠道较少，面临信用供给不足问题。

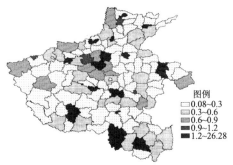

图 6-20　2006 年河南各县市四大银行
存款占全省比重示意图（单位：%）

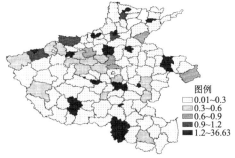

图 6-21　2006 年河南各县市四大银行
贷款占全省比重示意图（单位：%）

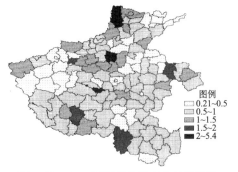

图 6-22　2006 年河南各县市农村信用社
存款占全省比重示意图（单位：%）

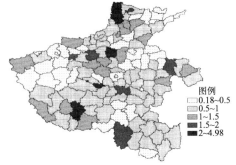

图 6-23　2006 年河南各县市农村信用社
贷款占全省比重示意图（单位：%）

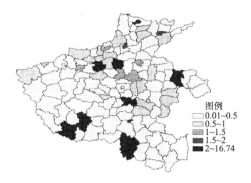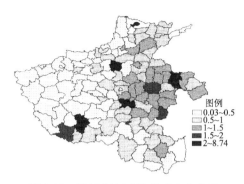

图6-24　2006年河南各县市农业发展　　　　图6-25　2006年河南各县市农业发展
银行存款占全省比重示意图（单位:%）　　　银行贷款占全省比重示意图（单位:%）

4. 银行资产的地理集中度和区域差异远大于银行机构网点的集中度与区域差异

制度变迁使银行资产地理和银行机构地理同时出现变化，都表现出区域集中和区域差异扩大趋势，但资本所具有的流动性，使银行资产地理的集中程度远大于银行机构地理的集中程度。1990年河南县市银行网点 HI 指数为 0.0097，变异系数为 0.4777；同期银行存款、贷款的 HI 指数分别为 0.040 和 0.025，变异系数分别为 2.029 和 1.482；银行存贷款的 HI 指数和变异系数大于同期银行机构地理的 HI 指数和变异系数。2006年河南县市银行网点的 HI 指数为 0.0146，国有银行网点的 HI 指数为 0.0317，变异系数分别为 0.9166 和 1.7368；同期银行存款、贷款的 HI 指数分别为 0.088 和 0.115，变异系数分别为 3.182 和 3.677；银行存贷款的 HI 指数和变异系数与同期银行机构地理的 HI 指数和变异系数之间的差别更大。1990～2006年银行机构网点 HI 指数增长 1.5 倍，同期银行存贷款的 HI 指数分别增长 2.2 和 4.6 倍，贷款 HI 指数增加大于存款 HI 指数增加，存款 HI 指数增加又大于银行机构网点 HI 指数增加。存贷款的变异系数1990～2006年分别增长 1.57 和 2.48 倍，机构网点的变异系数增长 1.92 倍。GDP 的 HI 指数和变异系数尽管有所增加，但变化不大，同一时期 GDP 的 HI 指数和变异系数远小于存贷款 HI 指数和变异系数。

5. 银行业空间组织的变化远大于经济空间结构的变化，空间极化趋势突出

省内银行资产的集中度远大于全国层面的集中度。1990～2006年郑州市的经济总量占全省的份额由 6.01% 增加到 7.04%，增加了 1.03 个百分点；但其存款和贷款总量则分别由占全省的 15.93% 和 10.79% 增加到 27.36% 和 32.25%；存款和贷款份额则分别增加了 11.43% 和 21.46%，远大于 GDP 份额的增加，信贷总量的增加又大于存款总量的增加，增加了近 2 倍（表6-3）。与此相对照，河南县和县级市经济总量占全省的份额由 1990 年的 66.92% 增加到 2006 年的

70.12%，而存款和贷款总量则分别由 1990 年的 49.27% 和 53.12% 下降到 2006 年的 39.39% 和 33.09%；存款份额下降 9.88%，贷款份额下降 20.03%，存款份额和贷款份额同时下降，信贷总量下降更多。除郑州之外的其他 16 个地级市，经济总量占全省的份额由 1990 年的 27.07% 下降到 2006 年的 22.84%，下降了 4.23 个百分点，但存款总量和贷款总量只有较少下降，分别下降 1.55% 和 1.42%。

表 6-3　1990～2006 年河南三个不同类型区域存款、贷款、GDP 占全省份额（单位：%）

| 年份 | 存款份额 | | | 贷款份额 | | | GDP 份额 | | |
| --- | --- | --- | --- | --- | --- | --- | --- | --- | --- |
| | 郑州市市区 | 16 个地级市区 | 县及县级市 | 郑州市市区 | 16 个地级市区 | 县及县级市 | 郑州市市区 | 16 个地级市区 | 县及县级市 |
| 1990 | 15.93 | 34.80 | 49.27 | 10.79 | 36.08 | 53.12 | 6.01 | 27.07 | 66.92 |
| 1995 | 17.94 | 35.59 | 46.47 | 13.46 | 38.08 | 48.46 | 6.48 | 26.00 | 67.51 |
| 1997 | 17.92 | 35.93 | 46.14 | 14.18 | 36.51 | 49.31 | 6.05 | 24.49 | 69.47 |
| 1998 | 18.15 | 36.94 | 44.91 | 15.18 | 35.46 | 49.37 | 6.12 | 23.90 | 69.98 |
| 1999 | 19.82 | 36.82 | 43.36 | 17.30 | 34.86 | 47.83 | 6.28 | 23.95 | 69.77 |
| 2000 | 22.22 | 35.44 | 42.35 | 18.27 | 33.58 | 48.15 | 6.75 | 24.71 | 68.53 |
| 2001 | 25.43 | 35.11 | 39.46 | 24.24 | 31.13 | 44.62 | 6.94 | 24.76 | 68.30 |
| 2002 | 26.72 | 34.81 | 38.47 | 27.30 | 31.49 | 41.21 | 7.13 | 24.85 | 68.02 |
| 2003 | 27.95 | 34.58 | 37.46 | 30.33 | 31.87 | 37.80 | 7.55 | 25.83 | 66.62 |
| 2004 | 27.52 | 33.99 | 38.50 | 31.63 | 35.68 | 32.69 | 7.53 | 25.09 | 67.38 |
| 2005 | 26.98 | 33.86 | 39.16 | 33.58 | 34.89 | 31.53 | 7.18 | 23.22 | 69.60 |
| 2006 | 27.36 | 33.25 | 39.39 | 32.25 | 34.66 | 33.09 | 7.04 | 22.84 | 70.12 |

注：本表仅计算各区域的人民币信贷收支，不包括外币。由于近几年来河南的外币存贷款主要集中在郑州和其他省辖市，如果加入外币信贷收支，郑州市及其他地级市所占存款、贷款份额会更高，县和县级市所占份额会更小。

在银行资产地理空间调整过程中，银行资产表现出极强的空间极化趋势。这也可从河南各县市银行存贷款的 HI 指数变化反映出来。去除郑州之后，1990～2006 年河南各县市存款 HI 指数由 1990 年的 0.015 下降到 2006 年的 0.012，贷款 HI 指数由 1990 年的 0.014 下降到 2006 年的 0.01，GDP 的 HI 指数由 1990 年的 0.011 下降到 2006 年的 0.01，银行存贷款和 GDP 的 HI 指数不仅远小于加入郑州计算的 HI 指数，而且与加入郑州计算的 HI 指数表现出的趋势相反，呈现缩小趋势。

# 第四节　信贷资金区域流动与区域配置

通过以上分析可知 20 世纪 90 年代以来河南省内不同区域间银行资源的流动方向发生了较大变化，致使区域间信贷资金配置差异加大，区域存款和区域贷款总量的关系日益密切。为了验证金融资源的区域流动情况以及影响流动的因素，下面从两个方面对河南省内区域资金流动和区域配置进行实证分析。首先基于Feldstein-Horioka测试思想，对原模型调整之后用于检验省内区域资金流动能力；其次是建立区域流动能力模型，分析影响货币资金区域配置的主要因素及影响程度。

## 一、模型设计

对于资本流动，依据古典经济学的思想，如果资本能够自由地追逐利润，它会自发地从生产效率低的地区流向生产效率高的地区；反过来，如果资本不能在地区间自由流动，则可以认为金融市场在资源配置方面是低效的。依据此假设Feldstein和Horioka（1980）提出的FH测试，用于检验国际间资本流动以及国际金融市场一体化，方法是对地区投资率与储蓄率的横截面数据进行回归分析。模型构成如下

$$(i/y)_i = \alpha + \beta (s/y)_i + \varepsilon_i \tag{6-2}$$

其中，$(i/y)_i$ 为 $i$ 地区的投资率；$(s/y)_i$ 为 $i$ 地区的储蓄率；$\alpha$ 和 $\beta$ 为回归系数；$\varepsilon_i$ 为残差项。

模型的基本思想是，如果资本不能在地区间流动，则当地储蓄只能投资于本地区，本地区的投资也只能依赖于当地的储蓄，那么该地区的投资率和储蓄率高度相关，即 $\beta$ 估计值很大，很显著；反之，如果资本可以在地区间充分流动，则该地区的投资率和储蓄率就不会有明显的相关性，即 $\beta$ 估计值接近于 0，或者不显著。FH 测试提出以后，许多学者进行了不断改进。尽管该方法在衡量国际金融一体化方面存在争议，但在一国内部，其仍不失为衡量地区间金融市场一体化和资本自由流动的良好指标。我国学者曾利用该方法对我国省际资本流动能力和省内信贷资金区域流动能力与有效配置进行了检验（赵岩和赵留彦，2005；中国人民银行徐州市中心支行课题组，2007），证明了此方法在衡量区域资本流动方面的有效性。由于中国商业银行的资金来源单一，存款是主要的资金来源，因此在银行贷款实践中，贷款供给需要考虑其存款情况。同时，目前的中国监管法规规定商业银行贷存比不得超过 75%。因此借鉴已有研究，本书将模型进一步调整，用于测试河南省内部区域间信贷资金流动情况。模型形式调整如下

$$(l/y)_i = \alpha + \beta (d/y)_i + \varepsilon_i \tag{6-3}$$

$$(l)_i = \alpha + \beta (d)_i + \varepsilon_i \tag{6-4}$$

在模型（6-3）里，$l/y$ 表示各区域金融机构贷款总额与区域 GDP 比率，$d/$

$y$ 表示各区域金融机构存款总额与区域 GDP 比率。在模型（6-4）里，$l$ 为区域贷款总量占全省的份额，$d$ 为区域存款总量占全省的份额。使用两类不同指标考察河南省内信贷资金的流动情况，也可更好验证结论。使用 Eviews 5.1 软件，对河南 126 个地域单元金融机构存款与金融机构贷款的截面数据进行回归分析，分析结果见表 6-4 和表 6-5。表 6-4 为模型（6-3）的回归结果，表 6-5 为模型（6-4）的回归结果。

# 二、结果分析

## 1. 区域所获得的信贷总量越来越依赖区域存款总量

在模型（6-3）里，回归系数 $\beta$ 自 1990 年的 0.70 增加到 2006 年的 0.81。在模型（6-4）里，回归系数 $\beta$ 由 1990 年的 0.70 增加到 2005 年的 1.22 和 2006 年的 1.19，区域所获得的信贷总量越来越依赖区域存款总量。从模型拟合效果看，模型（6-3）1997 年以后 $R^2$ 明显变大，拟合优度增加，区域存款率对区域贷款率的解释力增强。模型（6-4）也表现出同样特征，$R^2$ 由 1990 年的 0.93 增加到 2006 年的 0.99。根据 FH 测试思想，其结论应该省内县市之间的信贷资金流动性逐渐变弱。这一结论明显有悖于前面的分析，但结合常数项 $\alpha$ 的变化，结论就会发生变化。

2. 20 世纪 90 年代信贷资金倾向于向落后地区流动，进入 21 世纪后信贷资金倾向于流向发达地区

自表 6-4 和表 6-5 回归结果观察常数项 $\alpha$，发现 $\alpha$ 值与 $\beta$ 值的变化正好相反，前者开始时为正，而后逐期下降变成负值。$\alpha$ 为正说明在存款率为 0 的情况下，区域依然能够获得贷款，而后期 $\alpha$ 为负，则意味着存款率低的地区获得信贷更加困难。从时间上看，2002 年以前在经济落后、存款率低的地区，会有外来信贷资金支持本地区发展。而 2003 年以后在经济落后、存款率低的地区，信贷资金反而会流出本地区。综合 $\alpha$ 和 $\beta$ 的变化，可以看出 20 世纪 90 年代各区域的存贷款率的相关性相对较弱，信贷资金倾向于向落后地区流动，进入 21 世纪后各区域存贷款率越来越强，信贷资金倾向于流向发达地区。

表 6-4　河南县市存款比率与贷款比率的回归分析

| 年份 | | 1990 | 1995 | 1997 | 1998 | 1999 | 2000 | 2001 | 2002 | 2003 | 2004 | 2005 | 2006 |
|---|---|---|---|---|---|---|---|---|---|---|---|---|---|
| $\alpha$ | 回归系数 | 0.32 | 0.15 | 0.18 | 0.19 | 0.21 | 0.24 | 0.19 | 0.12 | 0.04 | −0.12 | −0.14 | −0.12 |
| | $t$ 值 | 8.16 | 4.59 | 5.45 | 6.25 | 6.22 | 8.22 | 7.06 | 4.59 | 1.33 | −3.48 | −4.33 | −3.81 |

续表

| 年份 | | 1990 | 1995 | 1997 | 1998 | 1999 | 2000 | 2001 | 2002 | 2003 | 2004 | 2005 | 2006 |
|---|---|---|---|---|---|---|---|---|---|---|---|---|---|
| $\beta$ | 回归系数 | 0.71 | 0.85 | 0.80 | 0.79 | 0.74 | 0.59 | 0.63 | 0.68 | 0.75 | 0.88 | 0.81 | 0.81 |
| | $t$ 值 | 7.54 | 11.78 | 16.93 | 20.00 | 17.68 | 16.21 | 20.20 | 22.77 | 24.44 | 20.82 | 21.32 | 21.37 |
| $R^2$ | | 0.31 | 0.53 | 0.70 | 0.76 | 0.72 | 0.68 | 0.77 | 0.81 | 0.83 | 0.78 | 0.79 | 0.79 |

注：所有系数显著性水平均在1%，回归系数之下为 $t$ 值。

**表6-5　河南县市存款份额与贷款份额的回归分析**

| 年份 | | 1990 | 1995 | 1997 | 1998 | 1999 | 2000 | 2001 | 2002 | 2003 | 2004 | 2005 | 2006 |
|---|---|---|---|---|---|---|---|---|---|---|---|---|---|
| $\alpha$ | 回归系数 | 0.002 | 0.002 | 0.0015 | 0.0013 | 0.0011 | 0.0015 | 0.0006 | 0.0000 | −0.0005 | −0.0011 | −0.0017 | −0.0015 |
| | $t$ 值 | 7.50 | 7.18 | 8.5 | 7.72 | 5.83 | 8.49 | 3.03 | 0.11 | −2.09 | −4.47 | −5.68 | −5.48 |
| $\beta$ | 回归系数 | 0.70 | 0.75 | 0.81 | 0.83 | 0.85 | 0.81 | 0.93 | 1.0 | 1.06 | 1.13 | 1.21 | 1.19 |
| | $t$ 值 | 40.07 | 53.7 | 87.47 | 91.94 | 88.83 | 103.7 | 118.08 | 122.1 | 121.15 | 125.08 | 103.39 | 114.19 |
| $R^2$ | | 0.93 | 0.96 | 0.98 | 0.98 | 0.98 | 0.99 | 0.99 | 0.99 | 0.99 | 0.99 | 0.99 | 0.99 |

注：所有系数显著性水平均在1%。

### 3. 区域存款与区域贷款之间存在累积因果关系

1990～2006年，区域贷款份额与区域存款份额之间的回归系数不断增加，由原来的小于1增加到大于1，具体说来是2002年以后（表6-5）。这意味着如果区域存款份额出现下降，区域贷款总量将会下降更多，区域存款份额增加会带来更多的区域贷款增加。这会使区域信贷资源分配出现两极分化现象，在一端是某些区域存款总量和信贷总量相互作用，不断增加；而另一端一些区域存款总量和信贷总量相互作用，持续萎缩。对河南来说哪些区域存款份额在增加，哪些区域存款份额在减少呢？根据上文分析，省会城市郑州市的存款份额不断上升，而县和县级市的存款份额不断下降，由此使郑州市拥有的信贷总量不断上升，而县和县级市拥有的信贷份额持续下降。

区域贷款份额与区域存款份额之间高的回归系数会形成区域存款总量和区域获得信用之间的累积因果关系。因为银行并非依据风险收益率中性分配信用（Porteous，1995；Dow and Rodríguez-Fuentes，1997；Klagge and Martin，2005），区域信用获得具有较多的分配成分。Dow（1990，1994）在其区域金融市场一体化的累积因果关系理论中认为，最初银行基于各种考虑不愿意给边缘区提供足够信用，这将限制边缘区收入和生产增长，限制性信用供给和低的经济增长率在下一个时期又会引发信用需求萎缩。萎缩的信用需求又会进一步影响银行给边缘区域的信用供给。这样下去就形成了一个向下的累积循环。这样倾斜的信用分配过程会形成累积因果关系。Dow从信用需求角度对低收入、低经济增长区信用规模的持续下降做出了解释，然而在河南内部很多经济增长速度很快、经济比较发达的县市信贷和存款总量也在下降，这将如何解释呢，本书第七章将对此问题进行探讨。但不管如何解释这一现象，区域存款与区域贷款总量之间的累积因果关系意味着经济落后区的发展将面临更多的信用约束。

# 第五节　银行机构地理变化与区域信用获得

20 世纪 90 年代中期以来，由于我国银行业市场化改革的推进，河南省各区域银行机构网点数量大幅下降，区域间银行机构网点分布密度差异显著。关于区域银行机构网点的变化是否会影响区域信用获得，下面将对此问题进行研究。

关于区域银行机构网点的变化是否会影响区域信用获得，依据不同的理论会有不同的推论。新古典经济学理论认为，信贷市场仅仅是利率机制在起作用，灵活变动的利率能够自动地调节信贷市场的供求关系，使信贷市场趋于均衡。沿着古典经济学的思路，对于信用的区域分配来说只有区域利率和回报率的差异，没有信用的区域分配差异。这意味着区域银行网点的变化对区域信用获得没有影响。新凯恩斯主义理论认为，实际市场是不完美的，存在信息非对称，逆向选择、道德风险、代理问题及监督成本的存在，都会引发信用配给（Dow and Rodríguez-Fuentes，1997）。银行和企业之间的信息非对称程度越高，银行实现信用配给的可能性越大。这意味着区域银行网点的变化对区域信用获得有重要影响。因为信息非对称大多和距离有关（Porteous，1995）。如果某地区银行机构网点增加，那么银行距离企业较近，银行和企业之间的信息非对称状况将减轻，银行对该地区实施信贷地理配给的可能性就小；相反，如果该地区银行机构网点减少，企业与银行间的地理距离变大，信息不对称状况加重，银行对该地区实现信贷配给的可能性就越大。那么 20 世纪 90 年代以来，河南省银行机构网点数量和分布的变化是否对区域信用获得有影响，哪种理论能更好地描述信用的区域分配，对此下面将利用回归分析进行证明。

# 一、区域银行网点与银行资产变化

以河南 126 个县市 1990～2006 年银行机构网点占全省总量份额的变化为横轴，分别以银行储蓄占全省总量份额的变化和存款、贷款占全省份额的变化为纵轴做散点图，分析区域银行网点变化与区域银行资产总量变化间的相关关系（图 6-26～图 6-28）。

1. 区域银行机构网点变化对区域储蓄总量影响很小

从图 6-26 看，区域银行网点的变化与区域储蓄总量的变化没有太大关系，两者的相关系数只有0.272。这从经济理论上也很好理解，区域储蓄是区域消费后的剩余，和区域居民的可支配收入、边际消费倾向密切相关，和区域金融机构网点数量变化之间应该没有同步变化关系。目前，在金融发展理论中，关于金融发展与储蓄率之间的关系也有三种观点。第一种观点认为金融部门的发展将导致储蓄率提高；第二种观点认为金融部门的发展将导致储蓄率下降；第三种观点认为金融部门的发展对储蓄率影响不大（王永中，2006）。从河南区域储蓄和银行网点的变化看，似乎印证了第三种观点，即区域储蓄与区域金融发展关系不大，基于中国特殊的转轨背景或者可以说金融制度变迁对区域储蓄总量影响不大。并且从散点图中可以看出，一些区域储蓄总量的变化与区域银行网点的变化呈反相关关系，这与前面对银行网点分布影响因素的分析结论一致，尽管区域经济发展水平对银行网点设置的影响在上升，但银行网点设置依然受区域人口规模、城市等级因素影响较大，而区域储蓄总量和区域经济发展水平密切相关。

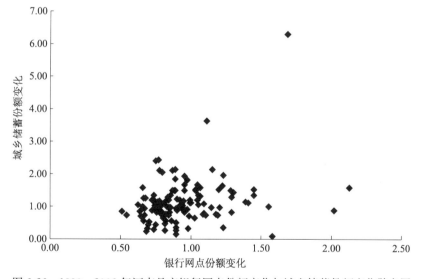

图6-26　1990～2006年河南县市银行网点份额变化与城乡储蓄份额变化散点图

**2. 区域银行机构网点的变化对区域存款总量有影响**

与区域储蓄总量相比，区域银行机构网点的变化对区域存款总量影响比较显著，两者基本上呈同方向变化，相关系数为0.345，显著性水平达到5％。大部分区域伴随银行机构网点的减少，区域存款量也在减少（图6-27）。

**3. 区域银行网点数量显著影响区域贷款获得**

区域银行网点总量的变化对区域信用总量的影响最显著。区域银行网点份额变化与区域信用份额变化呈现同步关系，两者的相关系数达到0.628，显著性水平达1％（图6-28）。河南各区域银行网点的调整开始于1998年左右，区域信用分配模式变化比较显著是在 2000 年以后，根据格兰杰因果关系检验的要旨，从事件发生的先后顺序来判断因果关系来看，区域银行网点数量的变化导致了区域获得信用总量的变化。

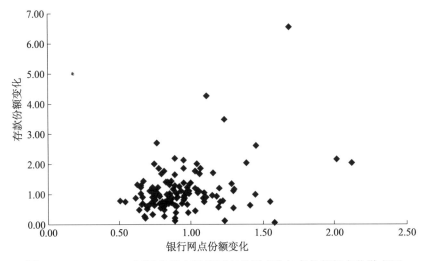

图 6-27　1990～2006 年河南县市银行网点份额变化与存款份额变化散点图

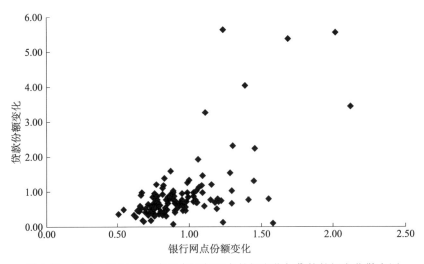

图 6-28　1990～2006 年河南县市银行网点份额变化与贷款份额变化散点图

## 二、银行网点撤并与区域信用获得

基于以上分析，下面对影响区域信用获得的因素进行分析，重点关注区域银

行网点数量变化对区域信用获得的影响。同时加入存款总量和区域经济总量指标以控制其他因素的影响，建立如下模型

$$l = c + \beta_1 b + \beta_2 d + \beta_3 \text{gdp} \qquad (6\text{-}5)$$

为了消除各年绝对规模的影响，采用相对指标，即各区域各变量的总量占全省份额的变化进行分析。其中，$l$ 为区域信用份额变化；$d$ 为区域存款份额变化；$b$ 为区域银行网点份额变化，并分四大国有商业银行、农村信用社和邮政储蓄银行三类分析银行机构网点变化对区域信用获得的影响；gdp 为区域经济总量份额变化。回归结果见表6-6。

**表6-6　区域信用总量与银行网点数量变化的回归分析**

| 银行类别 | | 所有银行 | 四大国有商业银行 | 农村信用社 | 邮政储蓄银行 |
|---|---|---|---|---|---|
| $c$ | 回归系数 | $-1.30^{***}$ | $-0.45^{***}$ | $-0.72^{***}$ | $-0.09$ |
| | $t$ 值 | $-6.89$ | $-3.62$ | $-4.23$ | $-0.65$ |
| $\beta_1$ | 回归系数 | $1.50^{***}$ | $0.80^{***}$ | $0.64^{***}$ | $0.00$ |
| | $t$ 值 | $7.97$ | $7.47$ | $5.41$ | $0.06$ |
| $\beta_2$ | 回归系数 | $0.67^{***}$ | $0.70^{***}$ | $0.76^{***}$ | $0.84^{***}$ |
| | $t$ 值 | $8.94$ | $9.26$ | $9.39$ | $9.45$ |
| $\beta_3$ | 回归系数 | $0.04$ | $-0.06$ | $0.07$ | $0.05$ |
| | $t$ 值 | $0.36$ | $-0.47$ | $0.54$ | $0.38$ |
| $R^2$ | | $0.69$ | $0.68$ | $0.62$ | $0.53$ |
| $F$ | | $91.12$ | $85.65$ | $66.92$ | $46.00$ |

注：*、**、***分别表示显著性水平为10%、5%、1%。

自回归分析结果看，银行机构网点数量的变化对区域信用获得具有重要影响，除邮政储蓄银行外，$b$ 变量显著进入各方程。网点总量变化对区域信用获得的回归系数 $\beta_1$ 为 1.50，显著性水平在 1% 以下。分机构来看，四大国有商业银行的网点数量变化对区域信用获得影响大于农村信用社，前者系数为 0.80，后者系数只有 0.64。邮储储蓄银行网点数量的变化对区域信用获得没有影响。

区域存款总量变化对区域信用获得也有显著影响，不过其影响小于银行网点总量变化。在网点总量和国有商业银行方程里，存款回归系数 $\beta_2$ 均小于银行网点总量变化的系数 $\beta_1$，只有在农村信用社方程里 $\beta_2$ 大于 $\beta_1$。

区域经济总量变化对区域信用获得没有影响。在各个方程里，gdp 变量都没有进入回归方程。这说明银行并非依据区域经济增长和投资回报率中性分配信用。区域信用获得具有显著的再分配成分，并不取决于区域经济增长状况。

# 第六节　本章结论

## 1. 省内银行业空间组织的变化比国家层面上变化更大

20世纪90年代后期以来银行业市场化改革的推进使我国主要银行机构的经

营目标发生了重大变化,回避风险、追逐利润成为新时期银行经营的主要原则。在新的经营原则和目标指引下,银行业开始了一次新的地理重构过程。一方面,大规模撤并基层网点,重组银行机构网点地理;另一方面,依据感知的风险调整信用区域分配模式。在此重构过程中,省内银行业空间组织的变化比国家层面上变化更大,突出表现是城市等级现象和空间极化发展。与全国层面相比,省内银行资本和银行机构的地理集中度更高,省会城市日益成为省内金融资源的汇聚地、银行资本流动中心、省内银行业的控制中心和集中地。

2. 银行机构网点规模大幅缩减,不同银行机构网点设置影响因素发生变化

我国于 20 世纪 80 年代中期建立专业银行体系之后,以四家专业银行为主体的市场竞争格局也就形成。20 世纪 90 年代中期之前银行之间竞争主要通过机构和人员扩张来实现。由于国有银行是非独立的经济部门,风险、成本、利润约束较小,银行机构网点的设置并不遵从经济原则,区域人口规模、行政区划单元成为国有银行和其他银行机构网点设置的最重要因素。很多地方存在银行网点进入过度,网点经营效率低下问题。20 世纪 90 年代中期以后,在新一轮的银行竞争和国家金融制度安排下,银行机构网点开始了收缩和调整过程。在此银行机构网点收缩调整过程中,县及县以下地域单元银行机构网点减少最多,银行网点分布的经济趋向显著。区域经济发展水平和城市等级越来越成为影响银行网点布局的重要因素。

3. 省内银行机构地理以城市等级为基础出现明显分化

一是银行结构分化,高等级地域全国性银行机构和地方性银行机构相得益彰,竞争发展;低等级地域银行种类较少,以农村信用社和邮政储蓄银行为主,后者对地方经济发展贡献有限。二是银行网点接近性存在差别,城市等级越高,网点密度越大;城市等级越低,银行网点密度越小。三是银行服务存在差别,高等级城市拥有综合性的现代银行服务,而低等级城市以传统银行服务为主,县及县以下区域则以一般的结算、汇兑、吸收存款业务为主,很多银行网点没有支持地方经济发展的贷款功能。银行机构地理的分化极易形成金融资源获得、分配方面的不平衡,抑制经济落后地区的发展,加剧区域经济发展的极化现象,扩大区域经济发展差距。

4. 区域银行信用分配发生了较大变化,由向经济欠发达地区倾斜转为向经济发达区集中

"金融系统有利于富有的、权势群体的结构偏好对区域的不平衡发展具有重要影响,但在某些历史时期这种趋向被加强,有时候被缓和。"（Leyshon and Thrift,1997）我国传统的区域信用分配有更多的公平和均衡配置色彩,尽管地区存款量差别较大,但信用分配的区域差异较小。然而,伴随银行机构网点大规

模从县及以下地域单元撤并和银行风险管理的加强，银行信用分配流向发生了较大变化，由以前的向经济欠发达地区倾斜转为向经济发达区集中，银行系统的趋富性质逐步显现。

5. 银行业空间组织的核心-边缘结构逐步形成

以城市等级为基础，不同等级地域在银行业空间组织中的地位存在重大差别。省辖市处于银行业空间组织的核心，广大农村区域逐步处于银行业空间组织的边缘。省会郑州市日益成为河南省银行业的控制中心和银行资本流动的汇聚地，其他省辖市日益成为所在区域银行业的集中地和银行资本流动中心，县及县以下地域处于银行业空间组织的底层，对银行业空间组织的控制力和影响力最小。广大农村区域逐步处于银行业空间组织的边缘。这使农村区域的发展面临普遍的信用约束和金融服务不足。

# 第七章　金融空间组织变化与河南省区域金融发展

大量的研究表明，金融发展对经济增长至关重要。随着研究的深入，区域金融发展得到了前所未有的关注，出现了众多研究成果。这些研究从大的方面可分为两类——地理学视角的研究和经济学视角的研究。经济学领域的研究基于计量经济学的最新发展，如协整理论、面板数据分析、向量自回归理论等，主要关注区域经济增长和区域金融发展的关系。这些研究大都沿用宏观金融发展理论的思路和方法来分析区域金融发展与区域经济增长的关系，研究以两者的因果关系和识别区域金融发展促进经济增长的机制为重点，往往将区域视为封闭的、孤立的，忽略区域所具有的空间结构属性。对于区域金融发展一般沿用宏观金融发展理论的观点认为伴随区域经济的快速增长，是区域金融的相应发展。很少关注金融空间一体化、金融资本流动、金融空间组织变化对区域金融发展的影响。而地理学视角的研究极其强调地理距离、空间关系对区域金融资源获取，以及区域特质对区域金融发展的影响，这可能意味着区域金融发展与区域经济增长的关系并非如经济学研究表明的那么简单，但缺乏严格的数据分析和相应的经验研究。

那么在区域层面上，金融发展与经济增长的关系到底如何？是否如金融发展理论表明的伴随经济的不断增长，是金融的相应发展，两者大致呈同步发展，还是有其他可能？如果区域金融发展与区域增长发展关系不一致，其形成原因是什么？本章选择近几年来经济快速增长的河南省为研究案例，就区域金融发展与区域经济增长的关系进行实证分析，并基于银行业空间组织变化和商业银行的存款派生、信用创造过程给予解释。本章包括四部分：第一部分在已有研究基础上提出本章的研究问题；第二部分建立模型，选择数据，通过计量分析对研究问题进行实证分析；第三部分对计量结果进行解释；第四部分是结论和政策启示。

## 第一节　区域经济增长与区域金融发展

经济学的大量研究表明，金融发展与经济增长呈现大致平行的关系，伴随经济的快速增长是金融的相应发展。理论方面琼·罗宾逊（Joan Robinson）早在1952年就提出了著名的"企业领先、金融随后"论断，认为随着经济的发展，企业间的交易会产生新的摩擦，这些摩擦刺激了经济对新的金融工具和金融服务的需求，新的金融工具和金融服务也应经济中的需要而产生，从而实现"实业引导金融"。罗纳德·麦金农（McKinnon，1973）和爱德华·肖（Shaw，1973）的金融抑制和金融深化理论则从另一方面解释金融发展与经济增长的同步关系。他们认为，金融体制与经济发展之间存在相互推动和相互制约的关系。一方面，健全的金融体制能够将储蓄资金有效地动员起来并引导到生产性投资上，从而促进经济发展。另一方面，发展良好的经济同样也可通过国民收入的提高和经济活动主体对金融服务需求的增长来刺激金融业的发展，由此形成金融与经济相互促进的良性循环发展。发展中国家由于金融制度不完善和政策失当，过多干预市场，硬性控制利率、汇率等相对价格，造成金融压制。在金融抑制的金融体制下，经济发展受阻，金融制度与经济发展处于恶性循环状态。Greenwood 和 Jovanovic（1990）、Greenwood 和 Smith（1997）及 Levine（1997）则借助于固定的进入费或固定的交易成本概念，对金融机构和金融市场如何随人均收入和人均财富的增加而发展进行了说明。在经济发展的早期阶段，人均收入和人均财富很低，由于缺乏对金融服务的需求，金融服务的供给无从产生，金融机构和金融市场也就不存在。当经济发展到一定阶段以后，一部分先富裕起来的人由于其收入和财富达到上述的临界值，所以有激励去利用金融机构和金融市场，亦即有激励去支付固定的进入费。这样，金融机构和金融市场就得以建立起来。随着时间的推移和经济的进一步发展，收入和财富达到临界值的人越来越多，利用金融机构和金融市场的人也越来越多，金融机构和金融市场不断发展。

实证研究方面，较早对金融发展与经济增长关系进行研究的是雷蒙德·戈德史密斯（Goldsmith，1969）。其在对 35 个国家近 100 年的资料进行分析和比较研究后，明确提出金融发展与经济增长之间存在着大致平行的关系，经济飞速增长时期也是金融发展速度较高的时期；反之，经济发展趋于缓慢甚至处于停滞时期，金融发展的速度明显下降，并创造性地提出了度量金融发展的指标——金融相关比率（Financial Interrelations Ratio，FIR）。戈德史密斯发现，金融相关比率随人均收入增加，但以递减速率增长（图 7-1）。之后 Dow 和 Earl 对金融资产进行了细分（Dow and Earl，1982），认为与 FIR 相同，当人均收入增长时，一种金融资产的价值总量相对于真实财富的比率不断增长，但以递减速率增长；不同金融资产的增长先后次序不同（图 7-2）。硬币（cions）与财富（wealth）的比值（C/W）最终被纸币（notes/wealth，即 N/W）超过，后者又依次被银行存款（bank deposits/wealth，即 BD/W）、非银行金融直接存款（non-bank financial intermediary deposits/wealth，即 NBD/W）所超过。大量的跨国研究也发现金融发展和人均收入之间的平行关系（Gerard and Patrick，2001）。20 世纪 90 年代以来基于内生增长理论，经济学家建立了大量结构严谨、逻辑缜密和论证规范的理论模型来论证金融发展和经济增长的关系，并通过实证分析对理论模型进行验证。这些研究尽管在金融发展与经济增长的因果关系方面，存在"供给引导假说"、"需求跟随假说"、"相互作用假说"（Patrick，1966）、"发展阶段假说"等观点分歧，但都得出了金融发展和经济增长之间存在显著正相关的结论，并且认为金融发展可通过多种渠道，如资本积累、技术进步、人力资本积累等促进经济增长（王永中，2006）。其中，金和莱文的研究（King and Levine，1993；Levine，2005）最有影响力。他们在对 80 个国家 1969～1989 年 20 年的数据进行实证分析后，发现金融发展与经济增长、资本形成和经济效率之间具有强的正相关关系；金融中介效率的提高对经济增长的作用具有一阶滞后性；经济发展水平影响金融发展水平。世界银行的政策研究报告中也强调"在金融与发展之间存在明确的因果联系"（Gerard and Patrick，2001）。大量的实证研究侧重于金融发展与经济增长之间因果关系的研究，这本身就暗含着金融发展与经济增长之间的正相关关系。因为因果关系本身已经证明金融发展会促进经济增长，或是金融只是简单地跟着经济增长走，如果没有相关关系则因果关系根本不会成立（艾洪德等，2004）。

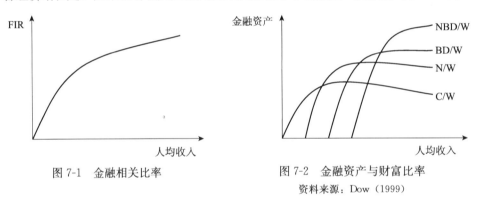

图 7-1  金融相关比率          图 7-2  金融资产与财富比率

资料来源：Dow（1999）

尽管也有研究发现了当代历史中金融发展与经济增长的背离现象，但从时间上看主要发生在 20 世纪 80 年代以前。Rajan 和 Zingales（1985，1998）对世界上主要国家金融发展指标进行研究后，发现 1913 年金融发展的平均水平与 1980 年和 1990 年相比很高。金融发展的指数在 1913～1999 年先降后升，从 1929 年开始，所有国家金融发展指标全面下降，出现所谓的"大倒退"，到 20 世纪 80 年代达到波谷，近年来出现复苏迹象。对于大倒退现象的出现，Rajan 和 Zingales（2002，2003）自既得利益集团反对金融发展角度给予了解释，形成了金融发展的利益集团理论。该理论认为，来自金融业及其他产业的既得利益集团出于维护既得利益的考虑所采取的阻挠金融发展的措施成为各国金融发展出现倒退和呈现显著差异的内在原因。20 世纪 90 年代以来，随着放松管制，金融得以快速发展，现代经济呈现出显著的金融密集特征，金融发展对一国经济增长、经济安全的重要性得到越来越多的认同，几乎没有人怀疑伴随经济的快速增长金融的相应发展。

在我国，关于金融发展与经济增长的关系近几年来也有大量成果。与国外研究一致，重点在于通过实证研究分析两者之间的因果关系和金融发展促进经济增长的作用机理。总结起来大致形成了这样三种观点：一种观点认为金融发展促进了中国的经济增长（谈儒勇，1999b；周立和王子明，2002；赵振全和薛丰慧，2004；周好文和钟永红，2004）；一种观点认为金融发展对经济增长没有影响（李广众和陈平，2002）；另一种观点认为金融发展与经济增长的关系随地区不同而不同（冉光和等，2006）。这些研究与国外研究的发现基本一致，虽然认为金融发展与经济增长的因果关系随地区不同而不同，但几乎没有人怀疑伴随经济的快速增长金融的快速发展。自现实的情况看，20 世纪 90 年代以来伴随我国经济的快速增长和金融体制改革的不断推进，我国金融资产总量在不断增长①，经济金融程度在不断提高，并没有出现 Rajan 和 Zingales 所说的金融发展倒退（图 7-3）。

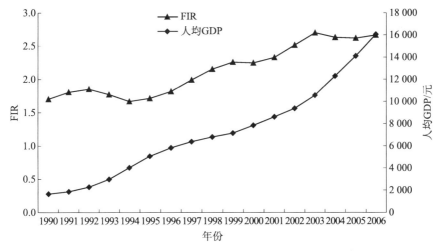

图 7-3　1990～2006 年中国人均 GDP 和金融相关比率

依据此观点，一个合理的推论是伴随经济的市场化改革和金融放松管制，快速发展的欠发达地区，金融也处于快速发展之中。其原因之一是，经济快速增长，带来较大的交易量和微观经济主体收入水平的提高，对金融服务需求的数量和质量也将提高，结果是金融快速发展。其二是经济市场化水平的不断提高和金融放松管制，增强微观经济主体的活力，金融业发展环境宽松，金融快速发展。

那么在区域层面上，金融发展与经济增长的关系是否也是这样，即伴随着经济的快速增长，是金融的快速发展，有没有其他可能性？金融空间组织是否会影

---

① 尽管近几年来由于我国经济进入相对通货紧缩的发展轨道，银行"惜贷"和中小企业融资难的现象日渐突出，从银行资产负债表看，贷款资产有不同程度的减少（李宏瑾，2006），但其他方面的金融资产在不断增长。

响区域金融发展？本章选择近年来经济快速增长的河南省为研究案例，探讨区域金融发展与区域经济增长的关系，并分析金融空间组织对这种关系的影响。

# 第二节　河南省县域金融发展与经济增长

## 一、指标选择、模型设定与数据

在金融发展与经济增长关系的研究中，金融发展水平的衡量成为一个主要问题。在实证分析中对于金融发展的理解不同对金融发展的度量也不同。最早对金融发展进行明确定义的是戈德史密斯（Goldsmith，1969），其认为"金融发展是金融结构的变化"，并提出了衡量金融发展的重要指标——金融相关比率。金融相关比率被定义为"全部金融资产价值与全部实物资产价值（即国民财富）的价值之比"。这里的金融资产价值为各种金融工具的数量，包括现金、商业银行吸收的各项存款、其他银行及非银行金融机构吸收的各项存款、金融债券、保险单据或存款，以及商业银行贷款、其他银行及非银行金融机构提供的各项贷款、政府债券、企业债券、股票流通市值及政府向银行借款。金融相关比率的提出为研究金融发展进程提供了一个快速而有价值的检测工具，在金融发展问题的研究中具有里程碑式的意义。在实证分析中，这一指标通常被简化为金融资产总量与GDP之比。爱德华·肖用金融深化来表达金融发展的内涵。爱德华·肖（Shaw，1973）认为，金融资产数量的增加，以及金融工具、金融机构的不断优化和金融制度的变革，都是金融深化，并提出了衡量金融深化程度的最主要指标——广义货币（$M_2$）与国内生产总值（GDP）之比。King 和 Levine（1993）在研究中设计了四个用于测度金融中介体服务质量的指标：①传统的金融深度指标——金融相关比率，用以衡量金融中介的规模。②Bank 指标，定义为商业银行信贷与全部信贷（即商业银行信贷加上中央银行国内资产）的比值，用以衡量一国商业银行相对于中央银行的规模。由于普遍认为商业银行是市场化的金融力量，通过商业银行配置资本是一种市场化的行为，比通过中央银行配置资本具有更高的效率，更能发挥金融的功能。所以，这一指标既是商业银行在资源配置过程中重要程度的反映，也是金融效能的反映。③Private 指标，定义为私人企业获得的信贷额度在国家信贷资产总额度中所占的比例，用以衡量商业银行对私营企业的贷款。④Privy 指标，定义为私人企业获得的信贷额度与 GDP 的比值，用以衡量金融中介在经济中的金融功能。这些指标旨在衡量金融中介（商业银行）在经济中的金融资源配置、风险管理等功能。Rajan 和 Zingales（2002，2003）在研究使用银行存款占 GDP 的比例（反映银行业的发展水平）、当地公司发行股票占总的固定资本形成的比例、总的股票市值占 GDP 的比例和每百万人口上市公司的数量（反映股票市场的发展水平）四项指标反映金融发展水平。

从现有文献看，国内对金融发展或者金融中介发展水平的度量主要采用：金融相关比率（FIR）、货币总量指标（$M_2$/GDP），以及 King 和 Levine（1993）使用跨国样本对金融中介发展与经济增长之间关系进行研究所采用的指标。李广众和陈平（2002）在研究中对我国金融中介发展水平的度量采用金融中介增长指标（bank）和金融中介效率指标（pri）。前者为金融机构各项贷款占 GDP 的比重，后者为非国有经济获得的银行贷款占 GDP 的比重。冉光和等（2006）在研究中采用国有及国有控股银行贷款占名义 GDP 的比率来代表各省的金融发展水平。赵振全和薛丰慧（2004）在研究中用国内信贷占 GDP 比重的增长率表示信贷市场的发展水平。艾洪德等（2004）在研究中使用金融相关比率、国有金融相关比率和金融市场化比率表示金融发展。在这些指标中，金融资产规模相对于国民财富的扩展，即金融相关比率成为金融发展度量时使用最多的一个指标。中国的金融资产主要包括流通中的现金，金融机构存款、贷款，有价证券（债券、股票）（易纲，2004）。欠发达地区金融资产主要为金融机构存款和贷款，因此本书将分别使用金融机构存款余额占 GDP 的比重（ck）、贷款余额占 GDP 的比重（dk）、存款和贷款余额占 GDP 比重（fir）作为金融中介部门发展（fd）的度量。

解释变量主要为区域经济发展水平变量。经济发展表现在人均财富的增长和产业结构的变化，本书分别用人均 GDP 和第二、第三产业比重来反映。方程设为

$$fd_{it} = \alpha_i + \beta_1 rjgdp_{it} + \beta_2 decy_{it} + \beta_3 dscy + \beta_4 d_1 \times rjgdp_{it} + \varepsilon_{it} \qquad (7\text{-}1)$$

这里使用 1998～2006 年河南县市面板数据进行分析。其中下标 $i$ 和 $t$ 分别代表第 $i$ 个县市和第 $t$ 年，县市单元数根据 2006 年的行政区划进行了调整，共 126 个。$\alpha_i$ 和 $\beta_i$ 是系数矩阵，$\varepsilon_{it}$ 是扰动项。rjgdp 为县域现价人均 GDP 和经河南 GDP 缩减指数进行缩减后的真实人均 GDP，decy 和 dscy 为县域第二和第三产业增加值占 GDP 的比重，用于反映产业结构变化。$d1$ 为虚拟变量，省辖市市区为 1，县或县级市为 0，加入这一变量是为了反映地域单元等级对金融发展与经济增长关系的影响。fd 分别使用金融机构存款余额占 GDP 的比重（ck）、贷款余额占 GDP 的比重（dk）、存款和贷款余额占 GDP 的比重（金融相关率，fir）进行回归分析。数据来源于《河南统计年鉴》和《河南金融年鉴》相关各年。除 $d_1$ 外各变量均取对数。

一般来说，区域存款由经济发展水平决定，伴随经济的快速增长和产业结构的升级，人均经济剩余越来越多，欠发达地区证券市场不发育或由于接近性问题，银行存款成为区域居民和企业持有的主要金融资产，因此存款占 GDP 的比例会随经济发展水平的提高而提高，预计 ck 和 rjgdp、decy、dscy 的系数为正。相对来说，区域贷款量则有较多的分配成分，1998 年以前我国实行信贷规模管

理，区域贷款总量多由国家、政府政策目标决定，1998 年后我国取消了信贷规模管理，区域贷款量由商业银行依据经济安全原则的分配模式决定，但从经济发展水平不断由低级向高级演进，经济的信用化程度也在不断提高角度看（蔡则祥等，2004），预计 dk 和 rjgdp 的系数为正，decy 和 dscy 的系数待定。

## 二、计量结果分析

根据 Hausman 检验采用个体固定效应回归模型对县市金融发展与经济增长的关系进行估计，表 7-1 显示了估计结果。在对固定效应的面板数据进行分析时，发现 D.W. 的值比较低，均低于 1。为了消除可能存在的自相关问题，在解释变量中加入被解释变量滞后 1 期值，D.W. 值得到了较好的改善，并接近于 2，拟合优度均有所提高。

**表 7-1 河南县市金融发展与经济增长面板数据回归**

| 自变量 | fir (1) | ck (1) | dk (1) | fir (2) | ck (2) | dk (2) |
|---|---|---|---|---|---|---|
| $c$ | 1.143*** (14.24) | 0.746*** (10.09) | 1.13*** (8.85) | 2.26*** (15.88) | 1.19*** (9.41) | 3.34*** (13.65) |
| rjgdp | −0.286*** (−15.55) | −0.126*** (−8.03) | −0.506*** (−14.23) | −0.206*** (−15.36) | −0.086*** (−7.39) | −0.390*** (−14.98) |
| $d_1 \times$ rjgdp | 0.101*** (4.57) | 0.047** (2.20) | 0.156*** (4.35) | 0.025*** (3.48) | 0.013* (1.90) | 0.037*** (3.18) |
| decy | 0.020 (0.54) | 0.124*** (3.47) | −0.028 (−0.47) | 0.014 (0.38) | 0.110*** (3.07) | −0.015 (−0.24) |
| dscy | 0.290*** (9.13) | 0.373*** (11.84) | 0.225*** (4.33) | 0.313*** (9.89) | 0.385*** (12.23) | 0.262*** (5.16) |
| fd (−1) | 0.497*** (19.77) | 0.663*** (29.65) | 0.536*** (19.14) | 0.501*** (20.10) | 0.669*** (29.78) | 0.517*** (18.50) |
| Hausman 检验值 （$P$ 值） | 393.76 (0.000) | 208.20 (0.000) | 311.04 (0.000) | 368.19 (0.000) | 193.59 (0.000) | 312.00 (0.000) |
| Adj $R^2$ | 0.96 | 0.96 | 0.93 | 0.96 | 0.96 | 0.93 |
| $F$-stat | 188.7 | 208.11 | 97.51 | 184.47 | 206.06 | 99.63 |
| D.W. | 1.67 | 1.86 | 1.63 | 1.64 | 1.87 | 1.57 |

注：*、**、*** 分别表示显著性水平为 10%、5%、1%。自变量（1）用不变价人均 GDP 估计，自变量（2）用现价人均 GDP 估计。表内数据，单元格内上一行为回归系数，下一行括号内为 $t$ 值。

自分析结果看，可以得出以下结论：①县市金融发展与经济发展负相关，人均 GDP 系数在各个方程中都为负，且显著性很高。1998 年以来河南各县市经济都有较大增长，人均 GDP 平均由 4926 元增加到 2006 年的 13 281 元，按现价计算增长了近 3 倍，然而与金融发展理论表明的相悖，县市金融不仅没有发展，反而出现下降。不仅贷款比率与人均 GDP 的系数显著为负，而且存款比率与人均

GDP 的系数也显著为负。其中贷款占 GDP 的比率下降更多，与人均 GDP 的系数为 $-0.390$。从统计数据看，一些县市 2006 年贷款占 GDP 的比率不到 1998 年的 $20\%$，如嵩县、栾川县、舞钢市、汝阳县等。②第三产业对区域金融发展有正作用，第二产业不显著。不管是使用金融机构存款余额占 GDP 的比重（ck）、贷款余额占 GDP 的比重（dk），还是存款和贷款余额占 GDP 的比重（金融相关率，fir）进行回归分析，第三产业系数都为正，且值较大。第二产业除在存款比率方程中显著外，其他两个方程均不显著。③城市等级对区域金融发展具有正影响。省辖市市区金融发展与经济增长关系正相关，显著区别于县或县级市。其中在贷款比例方程中尤其显著，反映出区域金融发展受空间等级结构强烈影响。④上一期金融发展对本期金融发展影响显著，系数均为正，且数值为各系数中最大，反映出区域金融发展表现出显著的惯性或累积性。

# 第三节　金融空间组织变化影响区域金融发展的机制

区域经济增长是影响区域金融发展的最重要因素。依据金融发展理论，伴随经济快速发展的是经济金融化过程的不断推进和金融资产规模的不断扩大，由此带来区域金融相应的发展，其中存款占 GDP 的比率毫无疑问应该是随着人均 GDP 的增长而增长，尤其是在快速增长的欠发达区域。然而为什么 20 世纪 90 年代后期以来在全国经济金融不断发展的同时，河南省县域金融发展与经济增长却出现背离，伴随经济不断增长的是金融发展的不断倒退呢？存款比率和贷款比率不断下降，而且贷款比率下降更加显著呢？对于这一现象，本书将从中国金融空间组织变化和商业银行的信用货币创造角度给予解释，探讨金融空间组织影响区域金融发展的机制。

## 一、银行业空间组织的变化与信贷资源流动性增强

20 世纪 90 年代中期以前，中国的国有银行制度几经变化，但都没有建立起真正的商业银行体系。这样的银行系统服务于国家计划性经济发展的需求，空间组织呈现出显著的空间均衡特征。银行机构网点依据行政区划等级，空间均衡分布，地区趋同；信贷资源使用分权式管理，分支机构对资金使用具有较大权力；地方政府强力干预银行资金的运用和流动，使银行所吸收的存款大部分投入当地企业，资金在区域间的流动性差，银行系统呈现出地区分割状态。

20 世纪 90 年代后期，我国开始实质性推进银行业的市场化改革。政府逐步退出银行业的经营管理，取消了实行多年的信贷规模管理体制，将国有银行的分散法人制改为总行一级法人制，并推行了一系列旨在增进国有商业银行经验效率、提升竞争力的改革。例如，大规模撤并县以下经济区域营业网点，把主要资

源配置到大城市、大企业和大项目上，实行规模化经营；上收基层网点的贷款审批权和人事管理权，将贷款决策审批权不断上收于总行和一、二级分行，实行垂直一体化经营。这些改革基本阻断了地方政府对银行贷款决策的影响。金融资源经营自主权向大型商业银行的回归带来了全国范围内的市场一体化发展和资金在区域间流动性的加强。国有商业银行开始追逐安全、高效配置金融资源，资金配置突破行政区划边界限制，以利益为导向跨地区流动。区域银行服务的供给由典型的外生性走向市场化。县域经济由于发展相对缓慢，缺少大企业，成为国有商业银行撤并机构网点、上收信贷管理权限的重点区域。国有商业银行的市场化改革形成了一种示范先导效应，地方性银行机构如农村信用社和城市商业银行也开始了一系列类似的改革，如撤并机构、加强风险管理、集权式管理等。这又加剧了整个银行业市场的一体化特征和银行业空间组织的非均衡变化。

## 二、信用资源的地理集中与非中心区信用份额的下降

中国银行业空间组织的变化带来信贷资金区域间流动性增强和向中心城市集中。国有商业银行风险态度的转变和风险管理的加强使信贷资金向银行总部或区域性总部集中现象突出。在国家层面，向国家金融中心城市北京、上海集聚，在省级层面向省会城市集中（地方性银行机构如农村信用社、城市商业银行等信贷资源向上一级管理机构集中现象也比较突出）。1998～2006年，北京市金融机构存款、贷款余额占全国的比重分别由 7.22%、4.14%增加到 10.14%、8.05%，而其 GDP 占全国的份额由 2.44%增加到 3.41%，只增加不到 1 个百分点（图 7-4）。上海市金融机构存款、贷款余额占全国的比重分别由 6.85%、6.00%增加到 7.48%、7.09%，而同期其 GDP 占全国的比重不仅没有增加，还有所下降（图 7-5）。在省区经济内部，信用资源极化集中趋势更加突出。以河南为例，1998～2006 年省会郑州市的经济总量占全省的份额由 6.05%增加到 7.04%，增加了不到 1 个百分点，但其存款和贷款总量则分别由占全省的 17.92%和 14.18%增加到 27.36%和 32.25%，存款和贷款份额分别增加了 9.44%和 18.07%，远大于 GDP 份额的增加，信贷总量的增加又大于存款总量的增加，增加了近 2 倍，占全省的近 1/3。

信用资源向总部或区域性总部的集中带来非中心区信用份额的下降。在省级层面除经济发达的一些东部省份和国家西部大开发涉及的一些西部省份，大部分省份信用份额都有所下降（图 7-6）。其中河南的经济总量占全国的比重由 1998 年的 5.29%上升到 2006 年的 5.41%，但存款和贷款比重分别由 1998 年的 4.08%和 4.83%下降到 2006 年的 3.48%和 3.85%。在省区内部，县域信用份额下降更多。1998～2006 年河南 109 个县和县级市 GDP 占全省的比重由 69.47%增加到 70.12%，而信贷份额则由 49.31%下降到 33.09%。信用资源极强的空间极化趋势带来了非中心区信用份额的急剧下降。

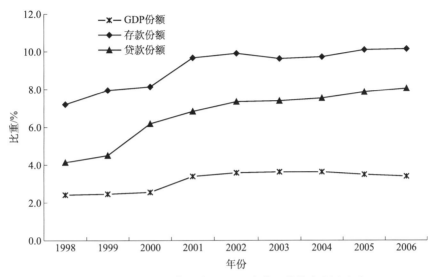

图 7-4　1998～2006 年北京 GDP、存款、贷款占全国比重

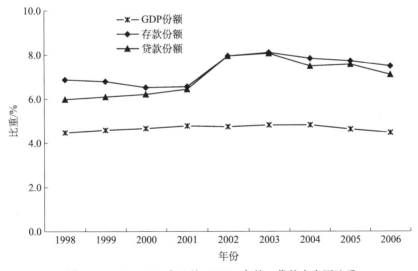

图 7-5　1998～2006 年上海 GDP、存款、贷款占全国比重

　　银行机构地理的变化又加剧了非中心区信用份额下降。国有商业银行机构网点撤并的地域选择性，使不同区域的银行结构发生显著分化。经济欠发达区及县域逐步演变为以邮政储蓄银行和地方性银行机构农村信用社为主，而经济发达地区则以外来型银行为主。不同类型的银行机构由于所处的发展阶段不同，信用创造能力存在较大差别，对地方经济的贡献程度也不同（Dow，1999）。欠发达区

和低等级地域的地方性金融机构受其形成机制、经营管理、业务水平、综合素质和资金实力等方面的原因，往往处于银行业发展的低级阶段，信用创造能力较差，无法满足本区信用需求，这又加剧非中心区信用份额的下降。

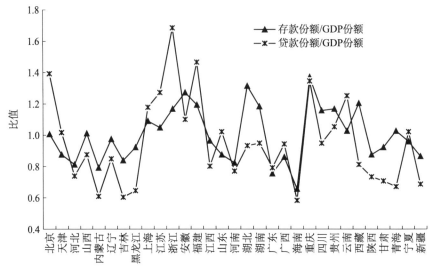

图 7-6　中国各省份 1998～2006 年存款份额和贷款份额变化与 GDP 份额变化的比值

## 三、非中心区信用份额的下降与区域存款份额下降

在金融体系中，商业银行最重要的特征是能以派生存款的形式创造和收缩货币，从而强烈地影响区域货币供应量和存款总量。因为商业银行是唯一可以经营活期存款的金融中介结构，而活期存款是货币的主要组成部分。部分准备金制度和非现金结算制度为商业银行的信用创造、存款派生提供了前提条件。部分准备金制度又称存款法定准备金制度，是指国家以法律形式规定存款机构必须按一定比例，以现金和在中央银行存款形式留有准备的制度。对于吸收进来的存款，银行必须按一定比例提留存款准备，其余部分才可用于放款。若是 100% 的全额准备，则从根本上排斥了银行用所吸收存款去发放贷款的可能性，银行就没有创造存款的可能。所以部分准备金制度是银行创造信用的基本前提条件。对一定数量的存款来说，准备比例越大，银行可用于贷款的资金就越少；准备比例越小，银行可用于贷款的资金就越多。非现金结算制度使人们能通过开出支票进行货币支付，银行之间的往来进行转账结算，无需用现金。如果不存在非现金结算，银行就不能用转账方式去发放贷款，一切贷款都必须付现，则无从派生存款，银行就没有创造信用的可能。

在货币银行理论里，为了说明商业银行创造信用、派生存款的过程，往往把最初从客户那里吸收的存款叫做原始存款，把商业银行吸收存款留下准备金后，将余款贷放出去所形成的存款称为派生存款。在部分准备金制度和广泛采用非现金结算情况下，商业银行吸收的原始存款，在扣除法定准备金后要把这些存款贷出去，而放出去的贷款经过市场活动又成为另一家银行的存款，这些存款扣除法定准备金后又会被这家银行贷出，这样一直延续下去。资金这样反复进出银行体系，就形成了商业银行创造存款货币的过程。为了更清楚地说明银行体系创造存款货币的过程，我们先做一些假设：

第一，假定银行体系中的每家银行都处于贷满状态，即只保留法定准备金，其余部分全部贷放，超额准备为零；

第二，假定客户所得收入全部存入银行，不保留现金；

第三，假定法定准备率 $r_d$ 为 20％。

在这些条件下，假设公众 A 将一笔现金 100 万元存入甲银行。甲银行的存款就增加了 100 万元，按法定准备率保留 $100 \times 20％ = 20$ 万元作为准备金后，其余的 $100 \times (1 - 80％) = 80$ 万元全部贷出。假定甲银行将 80 万元带给了客户 B，B 以借到的 80 万元全部用来向 C 购买商品，C 又将收到的 80 万元存入乙银行。乙银行在接受 C 的 80 万元活期存款后，依 20％ 的比率保留 $80 \times 20％ = 16$ 万元准备金后，而将其余的 $80 \times (1 - 20％) = 64$ 万元贷给了 D 企业。D 企业又将贷款用来支付 E 企业的货款，E 企业又将收到的 64 万元全部以活期存款的形式存入丙银行，丙银行依法留出 20％，即 12.8 万元作为准备金后，将其余 51.2 万全部贷出。丙银行将 51.2 万元贷给 F，F 又用于购买……如此循环下去，每一家银行都在创造存款和信用。假设最初活期存款增加额 $\Delta B$，法定准备率为 $rd$，用公式表示如表 7-2 所示。

表 7-2　商业银行的存款创造过程

| 银行 | 活期存款增加额 $\Delta D$ | 法定准备金增加额 $\Delta R$ | 贷款增加额 $\Delta L$（$\Delta L = \Delta D - \Delta R$） |
|---|---|---|---|
| 1 | $\Delta B$ | $r_d \Delta B$ | $\Delta B (1 - r_d)^1$ |
| 2 | $\Delta B (1 - r_d)^1$ | $r_d \Delta B (1 - r_d)^1$ | $\Delta B (1 - r_d)^2$ |
| 3 | $\Delta B (1 - r_d)^2$ | $r_d \Delta B (1 - r_d)^2$ | $\Delta B (1 - r_d)^3$ |
| 4 | $\Delta B (1 - r_d)^3$ | $r_d \Delta B (1 - r_d)^3$ | $\Delta B (1 - r_d)^4$ |
| … | … | … | … |
| $n$ | $\Delta B (1 - r_d)^{n-1}$ | $r_d \Delta B (1 - r_d)^{n-1}$ | $\Delta B (1 - r_d)^n$ |
| … | … | … | … |
| 合计 | $\Delta D = \Delta B \sum\limits_{n=1}^{\infty} (1 - r_d)^{n-1}$ | $\Delta R = r_d \Delta B \sum\limits_{n=1}^{\infty} (1 - r_d)^{n-1}$ | $\Delta L = \Delta B \sum\limits_{n=1}^{\infty} (1 - r_d)^n$ |

注：原始存款增加额为 $\Delta B$，法定准备率为 $r_d$。

由表 7-2 可知，若活期存款增加 $\Delta B$，经过商业银行系统的扩张以后，其活

期存款总额增加到 $\Delta D = \Delta B \sum_{n=1}^{\infty} (1-r_d)^{n-1}$。

由于法定准备率一般都小于 1，所以（$1-r_d$）$<1$，因此

$$\Delta D = \Delta B \sum_{n=1}^{\infty} (1-r_d)^{n-1} = \Delta B \frac{1}{1-(1-r_d)} = \frac{1}{r_d} \Delta B \qquad (7\text{-}2)$$

同样，准备金总额 $\Delta R$ 也是公比小于 1 的几何级数。

$$\Delta R = r_d \Delta B \sum_{n=1}^{\infty} (1-r_d)^{n-1} = r_d \Delta B \frac{1}{1-(1-r_d)} = \Delta B \qquad (7\text{-}3)$$

由式（7-3）计算可见法定准备金总额的增加等于最初的原始存款增加额。这意味着由原始存款引发的存款扩张过程实际也就是这笔原始存款全部转化为法定准备金的过程。我们可以得到

$$\Delta D = \frac{1}{r_d} \Delta R \qquad (7\text{-}4)$$

在这一过程中，银行派生存款的能力取决于两个因素，一个是原始存款额的大小，另一个是法定准备率的高低。原始存款量越多，派生的存款货币量就越大；反之越小。法定准备率越高，派生的存款货币量就越小，反之越大。其中活期存款的最大扩张额与原始存款增加额的倍数称为派生存款系数 $k$，公式为

$$k = \frac{\Delta D}{\Delta B} = \frac{\Delta D}{\Delta R} = \frac{1}{r_d} \qquad (7\text{-}5)$$

由式（7-5）看出，派生系数 $k$ 实际上就是准备率 $r_d$ 的倒数。在前例条件下，如果客户从银行提取一笔原始存款，就会引起与上述完全相反的收缩过程。

通过分析货币的创造（或收缩过程），我们知道银行体系吸收（或支付）一笔原始存款，就会引发一系列的信用扩张（或收缩）过程，创造（或减少）巨额存款货币，其中绝大部分是派生存款。

在上述的银行派生存款机制下，假设一个区域是封闭的，和外界没有资金商品往来，地方银行系统只在当地吸收存款，并将存款用于地方信用创造，没有资金抽取或上存，那么在区域层面上，区域金融中介资产会伴随区域经济增长而增长，如图 7-7 所示。①区域经济增长，一方面通过收入效应带来区域居民和企业收入的提高，使区域原始存款总量增加；另一方面通过需求效应带来区域对信用需求的增加。②区域原始存款总量的增长，使区域银行的存款基础增加，银行创造信用能力提高，区域信用供给能力增加。③区域信用供给增加，一方面通过信用创造机制，增加派生存款，使区域存款量增加；另一方面通过金融中介功能，满足区域资金需求，推动区域经济增长。

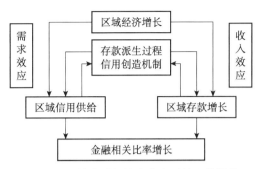

图 7-7　区域金融相关比率和区域经济增长

然而 1998 年以来我国银行系统的资金运用发生了较大变化，商业银行系统内部资金上存和系统内部调剂或拆借非常普遍，并成为县域或欠发达地区资金外流的主要渠道（杨国中和李木祥，2004）。国有商业银行是总行一级法人体制，其各级分支机构的人事、资金、业务等由上级进行统一管理和调度。对于国有商业银行县域或欠发达地区的分支机构，在业务发展较差的情况下，其大量的富余资金不能擅自拆借和投资，为保证资金安全，存入上级行就成为必然也可以说是唯一的选择。县级农村信用社联社虽说是一级法人，但目前的管理体制也决定了其与国有商业银行有相似的一面，也存在大量富余资金上存上级联社。大部分县域目前以不具贷款功能，只有吸收存款功能的邮政储蓄为主，更加剧了县域和欠发达区资金的外流。地方银行系统在吸收当地存款后，并不在地方发放贷款，而是将资金上存或者系统内部调剂或拆借，这就中断了存款在地方的派生过程。由于银行系统的存款大部分是派生存款，存款派生过程的中断使资金外流区的存款总量的增长受到很大约束。正是这一原因导致河南县市存款比率不仅没有随人均GDP 的增长而增长，反而出现下降。

从长期看，资金的外流不仅影响到区域存款总量的增长，还会进一步影响到银行在一地方的信用创造能力。因为区域存款基数在变小，银行基于存贷比例（中国监管法规规定商业银行贷存比不得超过 75%）考虑会进一步压缩对地方的信用。

# 第四节　本章结论与政策启示

## 一、本章结论

金融发展与经济增长的关系存在地域差异。省辖市市区金融发展与经济增长正相关，但县域金融发展与经济增长负相关。20 世纪 90 年代后期以来，尽管河南县域经济有了较大增长，然而金融发展却处于不断倒退之中，其中区域贷款比率的下降尤其显著。这与金融发展理论预期和全国经济金融发展现实相悖。本章基于金融空间组织变化角度给予了解释，认为伴随着我国银行业的市场化改革和银行机构的垂直一体化经营，金融空间逐步由地方分割走向一体化，在此过程中，信用资源向中心区的集中是这种现象产生的根本，信用资源的集中又通过派生存款过程中断导致非中心区存款总量增长受限。

这一发现意味着，在资本流动性增强，金融空间一体化趋势显著的背景下，区域金融发展与区域经济增长的关系呈现出特别的复杂性，一种流的空间日益成为影响区域金融发展的外部力量。这种流的空间包括以经济金融全球化为基础，以全球城市为节点的全球金融流动空间和以国内金融市场整合为基础，以国内各级金融中心为节点的国内金融流动空间。这种流的空间形成区域金融发展的外部力量，会对区域金融发展产生一定的"激励"或"滞缓"影响。以区域经济发展和区域特质为基础的地方空间则形成区域金融发展的内部力量。区域金融日益在流的空间和地方空间的狭缝中发展。那些位于金融空间组织有利位置的地方有更多的机会接近、吸纳各种机遇与金融资源，从而在地方金融发展中拥有竞争优势。而那些在金融空间组织中占据不利位置的地方，则面临资金抽取、空间信用配给甚至被边缘化、被抛弃的倾向，地方金融发展环境较差。作为中国内陆的欠发达地区，经济、金融全球化形成的全球金融流动空间对河南金融发展的影响还比较小，而以国内金融市场整合为基础的国内金融流动空间日益影响区内金融的发展。

这一发现也从另一个角度证明，银行绝不是中性的。其并不仅仅是储蓄者和借款者之间的中介，还提供信用使投资和产出增长；并非仅仅依据投资回报率分配信用，还会形成一种区域信用分配模式，这一区域信用分配模式是空间不平衡的，会影响不同区域的信用获得和经济发展。信用资源向中心区的集中使非中心区在信用获得上面临诸多困难，而信用获得不足导致的信用创造机制萎缩则会进一步降低非中心区金融资产拥有量。较低的金融资产拥有量又会进一步加剧非中心区信用获得困难，从而形成金融资产增长方面的累积因果关系，使中心区和非中心区金融发展差距越来越大。过大的金融发展差距又会加大区域发展差异，形成经济体内的核心-边缘结构，不利于长期经济增长。这需要采取一定措施保护和推动非中心区的金融发展。

# 二、政策启示

### 1. 加快政策性金融发展

依据市场力量发展的商业性银行机构具有显著的趋富性质（Leyshon and

Thrift，1997），不利于弱势和欠发达区域发展，这需要政策性金融发展以弥补市场在这方面的失效。政策性金融主要介入国家需要加大发展，但风险不确定、商业性金融不愿介入的领域和项目。农业发展银行可在现有基础上增加支持农业和农村基础设施建设、农业产业结构调整、县域扶贫开发等业务。开发性政策金融可通过向地方担保机构提供软贷款、参股等形式支持其发展，从而增加对县域经济的投入。

2. 商业性金融机构应承担一定的支持当地经济发展的责任

商业性金融机构对欠发达地区的资金抽取问题由来已久（Myrdal，1957；Porteous，1995；Martin and Minns，1995）。可借鉴国际上的通行做法，要求商业银行存款、邮政储蓄存款和养老基金、保险公司业务收入增量的一定比例，转存中国农业发展银行，专门用于农业和农村政策性信贷资金的投入，进一步引导社会资金流回农村。

3. 积极培育、扶持县域地方金融机构

县域中农村经济发展的不平衡性造成农村资金需求的主体呈现多层次性，不同层次的需求要求对应不同层次的资金供给主体。县域经济中发达地区的资金需求集中在农业产业化经营龙头企业、大型经济组织和农业的研发、良种培育、生产服务等领域，商业银行应成为相应的资金服务的主体。产业结构处在调整期、贷款需求主要集中在农户的生产经营领域的地区，农村信用社可发挥主要作用。在大型农产品的流通和加工领域，农业发展银行可发挥其政策性作用。对于金融机构已经退出同时农村信用社无法满足县域经济资金需求的地区，可考虑由地方参股，成立地方性的小型银行，满足县域经济发展的资金需求。也可筹建小额信贷公司，扩大农户尤其是贫困户的发展资金的渠道。积极鼓励外资金融机构进入农村，增加涉农贷款项目。同时积极培育农村金融市场，鼓励和引导商业银行创建票据中心和发展商业信用，以市场手段最大限度地截断资金外流的票据通道，并建立有效的农村货币市场；也可通过农村经济企业化、农业企业股份化和农业股份公司证券化，培育农村资本市场，筹集农村建设的发展资金。

4. 加强地方社会信用环境治理，创造良好金融生态环境

金融发展需要一种基础构造，即法律和信息（Gerard and Patrick，2001）。除了商业银行基于经营利润、风险安全方面的考虑压缩对县域的信贷投放规模外，地方社会信用环境欠佳也是其中原因之一。例如，县域存在的部分企业悬空或逃废银行债务现象；金融案件执结率低，执法环境欠佳，维护金融债权难度较大；一些企业财务管理不规范，信息失真，金融机构和中小企业之间存在严重的信息不对称；社会公众对社会征信建设认识不足等影响金融生态环境的因素，在一定程度上也制约了商业银行的信贷投入。良好生态环境的建构需要企业、居

民、地方政府、金融机构等各方面的共同努力，当前要做的首先是转变政府观念。地方政府首先要本着求真务实的理念着手改善政府工作作风，树立良好的政府形象和发挥对地方公众的示范引导作用。其次要高度重视金融生态环境建设，大力整顿社会信用秩序，减少地方保护主义对金融活动各种直接和间接干预。最后是硬化企业的财务约束、市场约束和法律约束，完善社会诚信体系，提高会计、审计和信息披露的标准，改善中介机构专业化服务水平。只有建立起良好的金融生态环境，才能有效促进区域金融发展。

5. 加快金融创新，推进技术进步

政策选择和新技术可以扩大金融接近——尤其在微观金融领域。金融资源从县域经济的退出并不完全体现资金的效率原则，更重要的是国有商业银行的信贷管理体制存在问题，信贷准入门槛高，缺少新的金融服务产品。现实中县域经济中存在着许多商业银行的利润增长点，但是国有商业银行严格的信贷风险约束，导致了信贷人员放贷的积极性不高，只好放弃为银行带来利润的一些企业的融资需求。例如，普遍实行了贷款第一责任人制度，重约束，轻激励，资产质量一旦出现问题信贷人员要承担很大责任，相反资产质量好却鲜有奖励措施。在信贷投向上四大国有商业银行则一律面向大企业，存在明显的垒大户现象，为竞争大户相互加价、提供优惠措施，增加银行经营风险和成本。因此，商业银行需要加快金融创新和技术进步，推出适合中小企业和农户需求的信用产品，以便既能支持地方经济发展，又能开辟新的利润空间。

# 第八章 河南省区域经济金融空间结构变化

基于泰尔指数和 GIS 地图分析技术对河南区域经济和区域金融空间结构变化的对比分析表明，金融业的空间集聚度远大于一般产业，在强大的金融集聚经济作用下，区域经济发展与区域金融发展会表现出显著差异。2000 年以来，河南省辖市市区经济实力相对下降，而金融集聚功能上升，县域经济显著发展，而金融发展普遍滞后，郑州市日益成为全省金融服务业的集聚地。金融空间流动带来现代城市的快速成长、功能彰显和激烈竞争，而此种努力的结果往往会抑制一些区域的金融发展，特别是县域和农村地区，需要统筹区域金融中心和乡村普惠金融建设。

## 第一节 区域经济和金融空间结构

交通与通信技术的迅猛发展助推经济全球化和区域一体化的快速推进，带来区域间的激烈竞争，使得区域空间结构处于快速变动和重组之中，生产活动的区位呈现出复杂的集聚与扩散趋势，地方在区域空间结构中的位置，成为影响区域发展的重要因素，因为其直接影响着地方是否容易获得各种资源。诸多研究都在关注区域经济的空间结构，却很少有研究关注金融系统的空间结构，特别是区域金融空间结构。而现实中，金融日益成为现代经济的核心，成为现代经济中最活跃和最具渗透性的部门，货币与金融机构地理已日益成为各国经济组织结构的明显组成部分，并形成力量巨大、覆盖全球的金融网络，影响着不同地方的发展。关于区域经济空间结构和区域金融空间结构两者有何异同，两者有何关系，成为值得探讨的问题。

河南正进入新一轮发展时期，2000 以来经济发展迅速，与全国平均水平的差距不断缩小，总量水平在全国的位次不断上升。在经济快速发展过程中，区域空间结构发生了显著变化。与此同时，伴随着 20 世纪后半期国有商业银行的市场化改革，河南的金融业也进入了一个新的发展阶段，在金融资源总量增加的同时，区域金融发展显著分化。在此快速发展过程中，区域金融空间结构表现出何种特征，其与区域经济空间结构变化有何差异，本研究以河南为例，借鉴区域差异研究方法对此问题进行探讨。数据来自各年《河南统计年鉴》和《河南金融年鉴》，地域单元数根据河南 2009 年的行政区划进行统一调整，共包括 17 个地级市和 109 个县域，合计 126 个地域单元。鉴于银行业在河南金融业中的主体地位，研究侧重于银行业分析。分析时段选择 2000 年以来，因为 1998 年开始的商业银行市场化改革，使银行业的运行机制与以往相比发生较大变化，前后的统计数据并不完全可比。

# 第二节　河南省区域经济空间结构变化

## 一、时间变化分析

借鉴区域经济差异研究方法，选用泰尔指数作为分析指标，具体将河南分为地级市和县域（包括县和县级市）两大地域类型，根据整体差异、组内差异和组间差异的变化来分析河南区域经济空间结构的变化。泰尔指数（T）计算公式为

$$T = \sum_{j=1}^{126} y_j \lg(y_j/p_j) = \mathrm{BT} + \mathrm{WT} \tag{8-1}$$

$$\mathrm{BT} = \sum_{i=1}^{2} Y_i \lg(Y_i/P_i) \tag{8-2}$$

$$\mathrm{WT} = \sum_{i=1}^{2} Y_i \left( \sum_j y_j \lg(y_j/p_j) \right) \tag{8-3}$$

式（8-1）中 $y_j$ 为 $j$ 地域的 GDP 占全省的份额，$p_j$ 为 $j$ 地域的人口占全省的份额。$T$ 指数越大，表示区域间差异越大；反之，越小。BT 为区域之间差异，WT 为区域内部差异，用 BT 和 WT 除以 $T$ 可得各区域差异对总体差异的贡献份额。式（8-2）中 $i$ 为地级市和县域，$Y_i$ 为 $i$ 地域 GDP 总量占全省的份额，$P_i$ 为 $i$ 地域人口总量占全省的份额。式（8-3）中 $i$ 为地级市和县域，当 $j$ 代表地级市时为 17，代表县域时为 109，其他变量同式（8-1）和式（8-2），结果见图 8-1。自图 8-1 可得出以下结论。

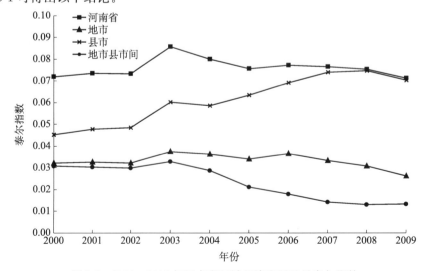

图 8-1　2000～2009 年河南省区域经济发展差异泰尔指数

1. **区域经济发展总体差异有所缩小**

2000~2003 年河南区域经济发展总体差异有所扩大。2003 年泰尔指数到最大值 0.086，之后几乎是一路下跌，到 2009 达 0.071，低于 2000 年的 0.072。9 年来河南总体的区域经济发展差异变化不大，并呈微弱缩小势头。

2. **地级市间经济发展相对均衡，差异显著缩小**

17 个地级市间经济发展的泰尔指数显著小于全省总体的泰尔指数，2003 年泰尔指数达到最大值 0.038，之后除 2004、2006 年比较高外，其余年份较低。地市间经济发展差异对全省总体差异的平均贡献不到 15%，2009 年只有 10.39%。地市间差异的变化趋势与全省总体差异趋势相同，但缩小趋势更加显著。泰尔指数由 2000 年的 0.032 下降到 2009 年的 0.026，下降近 20%。人均 GDP 最高市与最低市的比值由 2000 年的 4.29 下降到 2004 年的 4.17、2009 年的 3.17。这反映出河南地市间经济发展相对均衡，差距没有显著拉开，也从另一个角度反映出河南省内带动全省经济增长的增长极实力不足，经济带动和辐射作用不强。

3. **县域经济发展差异显著扩大**

与河南总体和地市间区域经济发展差异缩小趋势形成鲜明对比，县域间经济发展差异呈显著扩大趋势。泰尔指数由 2000 年的 0.045 增加到 2009 年的 0.07，增长了 56%。除 2003 年泰尔指数达到一极值，之后 2004 年泰尔指数表现出下降和 2009 年泰尔指数有所下降外，其余年份泰尔指数都呈上升趋势，县域经济发展两极分化趋势突出。2000 年全省人均 GDP 前 4 位均为地级市，2009 年人均 GDP 的前 5 位均为县域。人均 GDP 最高县（市）与最低县（市）的比值由 2000 年的 5.58 上升到 2009 年的 9.07，与地级市之间的差异形成鲜明对比。县域经济发展较大的、不断扩大的差异使得县域差异对全省总体差异的贡献不断上升，由 2000 年的 43.12% 上升到 2009 年的 70.82%，说明目前河南区域经济发展总体差异很大程度上源于县域间经济发展的不均衡。

4. **地市经济总量和县域经济总量之间的差异显著缩小**

县域经济显著发展，使得地市经济总量和县域经济总量之间的差异显著缩小。县域和地市间经济发展差异的泰尔指数由 2000 年的 0.031 下降到 2009 年的 0.013，下降最为明显；县域和地市间差异对河南总体差异的贡献由 2000 年的 42.73%，下降到 2009 年的 18.77%。

2000 年以来，河南区域经济发展总体差异呈现缩小趋势，主要原因在于县域经济的显著发展。地市间和县域与地市间经济发展差异越来越小，目前河南省的总体差异主要由县域间经济发展不平衡形成。

## 二、空间变化分析

以人均 GDP 与全省人均 GDP 平均水平之比 $R$ 作为分析指标，依照比值范围 $R\leqslant0.5$、$0.5<R\leqslant1.0$、$1.0<R<1.5$、$R\geqslant1.5$，把河南 126 个地域单元划分为经济不发达、欠发达、次发达和发达四种区域类型。对比分析 2000、2009 年河南各区 $R$ 值图（图 8-2、图 8-3），可以看出河南区域经济空间结构有如下特征。

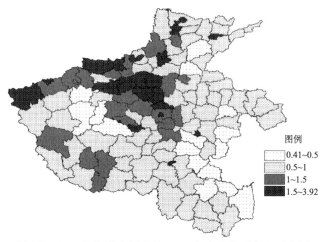

图 8-2　2000 年河南各区人均 GDP 与全省均值之比示意图

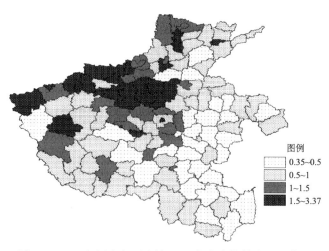

图 8-3　2009 年河南各区人均 GDP 与全省均值之比示意图

### 1. 中原城市群紧密层发展较快，辐射层发展缓慢

按照河南省中原城市群规划，中原城市群由 3 层组成，即核心层、紧密层、

辐射层。核心层指郑汴一体化区域，包括郑州、开封两市区域；紧密层包括洛阳、新乡、焦作、许昌、平顶山、漯河、济源 7 个省辖市；辐射层包括安阳、鹤壁、濮阳、三门峡、南阳、商丘、信阳、周口、驻马店 9 个省辖市。从河南区域经济差异空间格局看，经济发达和次发达区域主要位于中原城市群的紧密层，特别是洛阳、新乡、焦作、平顶山、济源及所辖县域。经济不发达和欠发达区域主要分布在中原城市群辐射层，特别是南阳、信阳、周口、驻马店、商丘、濮阳 5 市及所辖县域。对比分析 2000 年和 2009 年河南各区 R 值，可以明显看出河南西北部地区发展加快，东部、南部地区相对下降，快速发展地区主要位于河南省中原城市群紧密层。

2. 经济发达区域、次发达区域集中分布于河南西北部，特别是京广线以西、陇海沿线附近

与 2000 年相比，这一特征更加显著。2009 年河南 126 个地域单元中，人均 GDP 高于全省平均 1.5 倍以上的地域单元有 25 个，除平顶山、许昌、濮阳、鹤壁、栾川、新乡县和淇县外，其余 18 个县域呈集中连片分布，均位于京广线以西、陇海沿线附近。其中义马市的人均 GDP 为全省平均水平的 3 倍多。位于京广线与陇海线交汇处的郑州及其辖县（市）是河南经济发展水平最高区域。经济次发达区域，大部分位于发达区周围，和发达区域一起构成河南西北经济增长带。

3. 经济不发达和欠发达区主要分布在河南南部和东部的平原

河南地势西高东低，山地集中分布在豫北、豫西和豫南地区；丘陵主要分布在豫西北部分地区、豫西山地的东缘和豫南山地北部边缘，多与山地相伴分布；平原有黄河平原、淮河平原、南阳盆地、伊洛河平原等，主要分布在豫东。豫东平原区地域广阔，土层深厚，土壤肥沃，有利于发展种植业，是河南成为农业大省的先决条件，但该区人口较多，加上种植业比较利益下降，缺乏发展工业的矿产资源，工业发展落后，使该区经济实力较为落后。与 2000 年相比，2009 年位于豫东黄河平原和淮河平原的县域，经济实力都有不同程度的相对下降。其中地级市周口和驻马店由 2000 年的发达区域下滑到 2009 年的次发达区域。

# 第三节　河南省区域金融空间结构变化

对于金融发展的度量，以戈德史密斯提出的金融相关比率最具代表性和广泛应用性。金融相关比率（FIR）在实际应用中常简化为金融资产总量与 GDP 之比。本研究的金融相关比率，指区域金融机构年末存贷款余额总量与 GDP 的比值。

# 一、时间变化分析

采用与经济空间结构变化分析相同的方法分析金融空间结构变化，泰尔指数计算公式如下

$$T=\sum_i \sum_j (c_{ij}/C) \log (c_{ij}/C)/(y_{ij}/Y) = BT + WT \qquad (8\text{-}4)$$

式（8-4）中 $i$ 为县域和地级市，$c_{ij}$ 为县域或地级市 $j$ 地域的存贷款，$C$ 为全省存贷款，$y_{ij}$ 为县域或地级市 $j$ 地域的 GDP，$Y$ 为全省 GDP，结果见图 8-4。

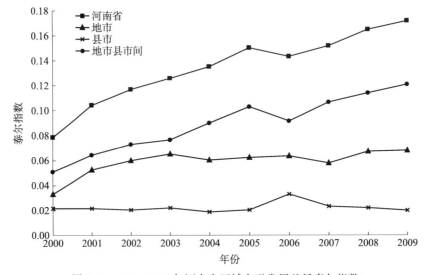

图 8-4　2000～2009 年河南省区域金融发展差异泰尔指数

### 1. 区域金融发展总体差异显著扩大

2000 年以来河南区域金融发展的泰尔指数几乎是年年攀升，自 2000 年的 0.079 上升到 2009 年的 0.172，增长了一倍多。区域金融发展差异显著扩大，与河南区域经济发展总体差异的缩小形成鲜明对比。

### 2. 地级市间金融发展差异不断扩大

地级市间金融发展泰尔指数由 2000 年的 0.031 上升到 2009 年的 0.068，增长了一倍多。但地市间的金融差异主要表现为郑州市和其他地市间的分化，去掉郑州市，其他 6 个省辖市之间金融发展的泰尔指数趋于缩小。

### 3. 县域金融发展差异较小，变化不大，甚至有所缩小

县域金融发展差异的泰尔指数显著小于县域经济发展差异的泰尔指数，除 2006 年为 0.033 外，其余年份都在 0.020 左右，变化不大。2000 年泰尔指数为

0.021，2009年为0.020，对全省总体差异的贡献由2000年的12.28%下降到2009年的4.13%，显著小于地市间的差异对总体差异的贡献。这说明县域金融发展相对均衡，对区域金融发展总体差异影响不明显。

4. 地级市和县域金融发展之间的差异显著扩大

地市和县域间的金融发展差异显著扩大，泰尔指数由2000年的0.051增加到2009年的0.121，增长了一倍多，其变化波动和全省总体波动十分吻合。两者间的金融发展差异对全省总体差异的贡献率高达60%以上，2007年和2009年达70%，说明河南金融发展总体差异的扩大主要源于地市和县域间的不均衡发展。

5. 区域金融发展差异明显不同于区域经济发展差异变化

2000年以来，河南金融空间结构变化明显不同于经济空间结构变化。与河南省总体区域经济发展差异缩小趋势不同，区域金融发展差异表现出不断扩大趋势。地级市和县域也表现出不同特征，地级市间经济发展差异有所缩小，但金融发展差异明显扩大。县域间经济发展差异显著扩大，两极分化趋势显著，但金融发展差异很小，表现出显著趋同趋势。地市和县域间的经济发展差异在缩小，而金融发展差异越来越大，表现出金融资源向高等级城市的过度拥入。

## 二、空间变化分析

将各区金融相关比率与全省平均水平相比得$R$值，将$R$值按$R \leqslant 0.5$、$0.5 < R \leqslant 1.0$、$1.0 < R \leqslant 1.5$、$R \geqslant 1.5$将全省126个地域单元划分为四类区域。对比分析2000、2009年河南各区金融相关比率与全省平均值的比值图（图8-5、图8-6），可以看出区域金融空间结构具有如下特征。

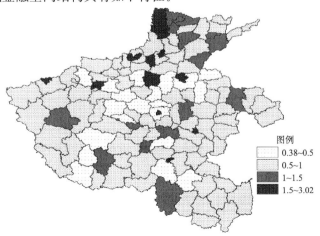

图8-5　2000年河南各区金融比率与全省均值之比示意图

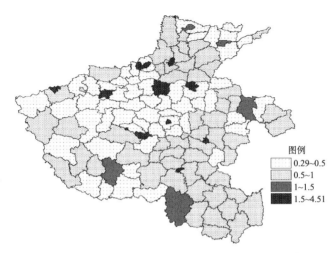

图 8-6    2009 年河南各区金融比率与全省均值之比示意图

**1. 省会城市郑州市日益成为全省金融服务业的集聚地**

2000 年以来河南区域金融相关比率的最大值都在郑州。2000 年为 5.06，到 2009 年增长为 7.19；2000 年为全省均值的 3.02 倍，2009 年增加到 4.51 倍。从拥有的存贷资产总量看，郑州一个城市，年经济总量占全省的 7.3%，拥有全省信贷总量的 36.95%、存款总量的 30.05%（表 8-1）。金融资产总量的增加显著高于经济总量的增加，10 年来 GDP 占全省比重增加不到 1 个百分点，信贷总量份额增加 18.68%，翻了一番；存款总量份额增加 7.83%。金融资产，特别是信贷资源向郑州市集中趋势显著，郑州日益成为全省金融服务业的集聚地。

表 8-1    2000～2009 年河南三类不同区域存款、贷款、GDP 占全省份额（单位:%）

| 年份 | 存款份额 | | | 贷款份额 | | | GDP 份额 | | |
|---|---|---|---|---|---|---|---|---|---|
| | 郑州市区 | 16 个省辖市 | 县（市） | 郑州市区 | 16 个省辖市 | 县（市） | 郑州市区 | 16 个省辖市 | 县（市） |
| 2000 | 22.22 | 35.44 | 42.35 | 18.27 | 33.58 | 48.15 | 6.75 | 24.71 | 68.53 |
| 2001 | 25.43 | 35.11 | 39.46 | 24.24 | 31.13 | 44.62 | 6.94 | 24.76 | 68.30 |
| 2002 | 26.72 | 34.81 | 38.47 | 27.30 | 31.49 | 41.21 | 7.13 | 24.85 | 68.02 |
| 2003 | 27.95 | 34.58 | 37.46 | 30.33 | 31.87 | 37.80 | 7.55 | 25.83 | 66.62 |
| 2004 | 27.52 | 33.99 | 38.50 | 31.63 | 35.68 | 32.69 | 7.53 | 25.09 | 67.38 |
| 2005 | 26.98 | 33.86 | 39.16 | 33.58 | 34.89 | 31.53 | 7.18 | 23.22 | 69.60 |
| 2006 | 27.36 | 33.25 | 39.39 | 32.25 | 34.66 | 33.09 | 7.04 | 22.84 | 70.12 |
| 2007 | 27.08 | 32.18 | 40.74 | 30.90 | 36.68 | 32.41 | 6.83 | 21.99 | 71.18 |
| 2008 | 28.11 | 31.63 | 40.26 | 35.38 | 33.49 | 31.13 | 6.91 | 21.38 | 71.71 |
| 2009 | 30.05 | 31.09 | 38.86 | 36.95 | 32.33 | 30.72 | 7.26 | 21.10 | 71.63 |

2. 其他地级市金融发展缓慢，但和县域区别明显

除郑州外的 16 个地级市，金融发展缓慢。2000 年以来金融相关比率增加的有 11 个地市，大部分增加幅度在 1 个百分点左右；安阳市、开封市、漯河市、鹤壁市 4 个地市则表现为下降。但地级市和县域的差别很明显，16 个地级市除漯河由于 2004 年将其所辖县郾城调整成其所辖的一个区，金融相关比率有所下降外（2009 年金融比率只有 1.29，为全省平均的 81%），其余 15 个地级市金融相关比率都在全省平均水平以上，而县域绝大部分都下降到全省平均水平以下。

3. 县域金融发展下降趋势显著

2000 年河南省还有林州市、获嘉县金融相关比率达到全省均值 1.5 以上，长垣县、濮阳县、安阳县等 8 个县域金融相关比率在全省均值 1.5～1.0。2009 年河南 109 个县域单元，除潢川县金融相关比率达到全省平均水平外，其余县域金融相关比率都低于全省平均水平。绝大部分县域金融相关比率都在下降，其中金融相关比率不到全省平均水平 50% 的县域由 2000 年的 20 个增加到 2009 年的 54 个，县域金融发展滞后显著。

4. 区域金融空间结构可分为明显的三个层次

总结起来，河南的区域金融空间结构可分为明显的三个层次。第一层是省会城市郑州市，为全省的金融核心和金融增长极、金融资源的集聚地和金融管理控制中心。第二层是其他地级市，为各地方金融中心、区域金融资源集聚地和区域金融管理控制中心。第三层为广大的县域，金融活力较差，金融资源较多外流，金融发展缓慢甚至显著下降，处于低水平均衡阶段。这就形成了河南区域金融空间结构中的等级现象，即"一枝独秀、层次分明"。

# 第四节　本章结论

金融业的空间集聚度远大于一般产业。与其他产业一样，集聚与扩散也成为金融业空间分布的两种主要形式，但与其他产业相比，金融业表现出更高程度的集聚，通常集聚于大城市。我国金融业向市场经济的回归带来金融业空间组织的巨大变化，突出表现为空间集聚现象的加剧，这在河南省内表现非常显著。金融业的空间集聚度远大于经济发展的集聚度，金融资产，特别是信贷资源向中心城市的集中趋势非常显著，这使得非中心区，县域虽然经济发展很快，但金融发展徘徊不前，甚至有所下降。

在强大的金融集聚经济作用下，区域经济发展与区域金融发展会表现出显著的差异。2000 年以来河南经济快速发展，在总体经济发展差异缩小的同时，区域金融发展却表现出差异不断扩大趋势，非中心区，县域虽然经济发展很快，但

金融发展徘徊不前，甚至有所下降。自区域角度，金融发展与经济发展并不同步。

　　金融空间流动带来现代城市的快速成长与竞争力提升，但需要关注金融地理排斥。随着地域分工和经济全球化的日益深入，空间集聚已经成为区域产业组织的重要形式，大量的研究表明产业的空间集聚与产业、城市、区域竞争力密切相关，相关企业的地理集中有利于降低市场风险和交易成本，推动创新和市场竞争，共享劳动力市场和基础设施。作为国民经济的一个特殊行业，金融业的空间集聚有诸多不同于一般产业的特征，一方面其表现出更高程度的空间集聚和空间惰性；另一方面空间集聚在带来正面效应的同时，往往伴随着负面效应，其中金融地理排斥居突出地位。金融排斥包括地理排斥、评估排斥、条件排斥、价格排斥、营销排斥和自我排斥等多个方面，从产品角度还包括银行排斥、储蓄排斥、贷款排斥和保险排斥等多种形式（Collard et al.，2001），但银行网点地理和网点关闭是金融排斥和金融包容过程最显著的标志。金融排斥往往成为社会排斥的原因和后果，对社会经济发展产生深远影响，不仅会导致各地区金融发展的不平衡，还会加剧不同人群、不同地区间经济发展的两极分化，对社会经济的协调发展造成严重阻碍。20 世纪 90 年代后期以来，治理金融排斥成为欧美等发达国家政策的一个重要目标。在我国，1990 年以来，以金融业为核心的生产者服务业逐渐取代传统的消费者服务业，成为策动我国大城市经济增长的重要力量和体现城市经济职能的主要方面，城市间竞争激烈，如我国大陆 31 个省（自治区、直辖市），累积已有 30 多个城市提出要建立金融中心，包括国际性金融中心和区域性金融中心。而此种努力的结果往往会抑制一些区域金融的发展，特别是县域和农村地区，形成金融地理排斥，这需要区域政府统筹金融中心和乡村普惠金融建设。

# 第九章 市场化背景下金融空间组织变化

金融活动的空间组织是金融地理学的重要研究内容之一，并与金融地理学其他重要研究议题，如金融排斥、金融中心、资本流动、金融化空间与空间金融化等相互交织，受到众多学者的关注。在金融系统发展的不同阶段，受信息技术进步、制度变迁、全球化、兼并收购等的影响，金融活动空间组织形式和空间结构表现出不同的特征，影响着不同区域和人群的金融服务可得性，从而带来不同的公平与效率效应，如金融排斥与金融包容度的差异。

## 第一节 中国银行业空间组织变化特征

20世纪90年代以来中国银行业制度的巨大变迁，引发银行业空间组织的巨大变化。采用 GIS 技术和一些统计、计量分析方法，对市场化背景下中国银行业空间组织变化进行了实证分析，得出以下主要结论。

### 1. 银行业空间组织由地方分割走向市场一体化

与西方国家银行业随长期的产业分工发展而出现，银行业发展初期只是作为服务地方的金融中介出现（Dow，1999）不同，中国一开始就建立了全国性的分支银行体系和依据行政区划等级设置的银行管理机构和经营网点。货币资金流动是封闭式纵向循环，区域间横向的金融资产流动性很弱。这形成了我国最初的计划均衡银行空间组织。改革开放以来快速经济增长对银行服务和信贷的需求，特别是对银行贷款的需求异常强烈带来了银行系统规模的急剧膨胀，一是银行网点、人员的不断扩张，二是贷款规模的不断膨胀。但行政机关性质的银行在地方政府的强烈干预下，银行机构网点的扩张表现出显著的地区趋同特征，金融资源的流动呈现地方分割特征。可以说在20世纪90年代中期以前，虽然中国的国有银行体系初具规模，但经济中并不存在一个典型的商业银行制度，在地方政府的强力干预下，银行业空间组织呈现出地方分割下的空间均衡特征。

20世纪90年代中期以来国有商业银行的一系列市场化改革，打破了原有的行政均衡空间格局，使中国银行业空间组织开始在一条新的发展路径上演化。首先是国有商业银行网点由传统的计划、均衡分布走向市场非均衡和空间集中。网点分布重心向东部和中心城市转移趋向显著，人口总量、行政区划等空间均衡因素对银行网点布局的影响在下降，而经济发展水平、城市等级等市场因素的影响

在上升。其次是资金运用权力向总部的集中，使国有商业银行的资金运用摆脱了
地方政府的干预，在全国范围内统一调度和分配资金，一体化运作。最后是国有
商业银行的非均衡发展和资金的市场一体化运用对地方性银行机构发挥着示范性
和引导作用，地方性银行也显现出非均衡布局和区域内资金运用的一体化。而股
份制银行由于其先天的机制优势，一直以来资金运用就具有全国特征。这些变化
使银行业经营逐步摆脱地区分割状态，走向市场一体化。

2. 金融空间组织等级特征显现

行政均衡的、同质化的银行空间逐步演变为等级化的空间结构体系，自上而
下形成四级金融空间（图 9-1）。北京、上海作为国家金融中心，日益成为全国银
行机构的集中地和金融流动空间的中枢。北京为我国四大国有商业银行、四大资
产管理公司、三大政策性银行、三大金融业监管部门和中央银行，以及我国其他
重要银行如邮政储蓄银行、交通银行、光大银行、华夏银行、民生银行的总部所
在地。20 世纪 90 年代后期以来的银行业市场化改革和银行业经营管理的集权
化，使银行总部拥有较大的资金支配权。银行总部的特殊区位赋予北京一种独特
的金融竞争力。上海尽管金融机构总部数量少于北京，但金融机构网点密集，外
资银行较多，为我国各类专业性金融机构如数据处理中心、IT 服务中心、资金
交易中心、资产管理中心及各类业务处理中心的集中地。激烈的竞争、高效的银
行服务、信息化的金融服务设施和实力较强的地方性银行机构，使上海的金融业
具有较强的辐射力，从而吸引各类金融机构落户。银行业的市场化改革凸显国家
金融中心在银行业空间组织中的地位，北京和上海成为国家金融空间的极化中
心。除北京、上海外，天津、重庆两个直辖市在国家银行空间组织中的地位也在
不断上升。

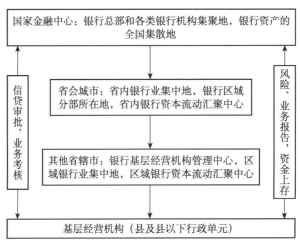

图 9-1 中国银行业空间等级系统

省会城市成为国家银行空间组织的重要节点，通过省会城市省区金融空间与国家金融空间相连。在省区金融空间组织内，省会城市成为省区金融空间的核心和省区金融资源的极化中心。省区内银行业的集聚程度远高于国家层面。首先，省会城市为诸多商业银行区域性总部或管理中心所在地；其次，省会城市银行业结构显著异于省内其他城市，外来型银行机构较多；最后，省内银行资本向省会城市的集中趋势明显，集中度远大于全国层面上的集中度。

地方城市成为当地金融空间的支点、银行基层经营机构管理中心和地方金融资源集聚地。县以下的行政单元处于成为银行空间组织的底层，在银行控制管理方面基本不具话语权。

这种金字塔式的空间等级结构酷似后福特主义生产体制下，以大型集团公司内部的空间组织，即公司总部、管理机构及生产单位的不同区位与相互间的生产关系为基础形成的劳动地域分工（Massey，1995；李小建，2002）。这种劳动地域分工形成了不同等级地域的空间组合，并伴随着权力和资金在不同等级地域间的不同分配。

### 3. 区域金融发展显著分化

我国客观存在上存在着东中西的地带差异，不同区域金融发展面临的外部环境和国家政策支持不同，东中西不同区域本来就存在较大的金融发展差异。银行业的市场化改革，强化了商业银行追逐利润、规避风险的经营目标，在此目标约束下商业银行进行了一系列网点分布区位和资金流向的调整，更加大了我国区域间金融发展的差异。

除地带差异之外，另一种重要的区域金融发展差异是以城市等级为基础的地域金融发展差异与分化。不同等级城市地域金融发展存在显著差别。高等级城市金融发展环境优越，各类金融机构集聚，金融快速发展，有力地推动了城市经济的增长。低等级城市地域在银行业市场化改革过程中往往被大型商业银行抛弃，银行服务不足和信用投放较少，金融发展环境欠佳，金融发展缓慢。一些区域金融发展甚至出现倒退。不同等级城市地域的金融发展路径出现明显分化。

### 4. 银行业空间组织变化将影响区域发展差距

金融空间的一体化发展和银行资源向经济发达区的集中使欠发达区域面临资金抽取和严重的信用获得不足问题，这从长期看会加剧经济体内的核心-边缘结构。一方面，商业银行自欠发达地区抽取资金，使欠发达地区面临信用供给不足问题；另一方面，由于面临较多的经济动荡和不稳定，高流动性偏好会使欠发达区的经济行动者更愿意持有金融中心或发达区的金融证券，这又会加剧金融资源流向发达区，降低欠发达区域资金的获得性。较少的信用工具、限制性信用供给和金融资源的流出会抑制欠发达区的收入和生产增长，这反过来又会降低下一期的信用需求。这样就形成了一个向下的累积循环，从而加大发达区和欠发达区的发展差距。

# 第二节　金融空间组织的进一步研究

理论分析与实证研究表明，对于金融系统空间维度的研究有助于揭示现代区域经济的运行和区域差距形成的机制。金融空间组织作为区域空间结构的重要组成部分和缔造者，深深地影响着不同地方的发展。对于金融空间组织变化的研究在实践上可从另一角度揭示区域发展差异的形成原因，在理论上拓展区域经济学和经济地理学有关经济活动空间组织的研究，丰富国际金融地理学关于中国的研究案例。

市场化背景下，进一步的研究还需关注以下领域。

1. 金融机构空间组织演化研究

自微观层面上看，各类金融机构的区位选择和资金流动形成了金融空间组织演化，并产生不容忽视的空间效应。充分认识金融空间组织演化过程不同金融机构分支网络和资金流动网络的变化，对于揭示金融空间组织的演化机制，有效实施金融政策和调控区域金融发展有重要作用。根据约翰·钱伯斯（John Chambers）的经济分析方法，经济理论关注的主要问题是在不同的制度框架下个别经济主体和他们行为的总和。经济主体、行为和制度框架是经济分析的主要范畴，均衡分析是预测结果的工具。本书只从宏观上分析了银行业空间组织的变化，没有深入研究银行业经营市场化背景下决定不同商业银行机构区位选择行为的微观机制。中国特殊的金融制度变迁路径不断调整着国有商业银行的行为模式，不同商业性金融机构受政府的干预程度不同，其行为选择和金融资源分配模式也存在差异。非商业性金融机构的行为会不同于商业性金融机构；外资银行行为会不同于内资银行；不同银行机构之间的关系网络和空间竞争对金融空间组织也会产生影响。对于以上问题的研究将有助于从更微观层面揭示金融空间组织演化机制。

2. 小尺度区域金融空间组织变化研究

本书的研究目的在于考察银行制度变迁对金融空间组织变化的影响，基于此研究目的，本书只选择了经济快速增长和受银行业市场化改革冲击较大的河南省为研究案例，分析了省内银行业空间组织的变化。由于中国区域经济差异较大，各省金融发展内外部环境也存在较大差别，东部一些省市如北京、上海、广东受外资银行影响较大；浙江受地方金融素养和民间非正式金融影响较大；西部一些省份受政策性金融影响较大。金融发展内外环境的不同会使不同省份金融空间组织的变化有所不同。这些内外环境如何影响金融空间组织的变化，不同省份金融空间组织的变化有何不同，处于不同发展阶段的省份金融空间组织有何差异，这些问题的回答都需要扩展省级行政区划单元的研究案例。

3. 金融空间组织与区域金融、经济发展的关系还有待进一步深化

金融空间组织的变化会带来一系列区域发展问题，如空间信用配给、空间价格歧视、金融排斥、金融资源获取等。对这些问题的研究有助于揭示市场经济条件下区域间的资金流动模式，以及区域差异的产生根源，进一步地对于政府调控区域发展差异、优化区域空间结构具有十分重要的实践意义。本研究力图对这些区域发展问题有所探讨，但由于时间、精力和个人水平所限，只对金融空间组织变化对区域金融发展和区域信用获得的影响进行了有限分析，许多内容还有待进一步扩展和深化。

# 参考文献

艾洪德，徐明圣，郭凯．2004．我国区域金融发展与区域经济增长关系的实证分析．财经问题研究，(7)：26-32.

安德鲁·莱申，奈杰尔·思里夫特．1998．金融的空间流动与现代城市的成长．仕琦译．国际社会科学杂志（中文版），(1)：41-54.

安虎森．2004．区域经济学通论．北京：经济科学出版社．

巴曙松，刘孝红，牛播坤．2005．转型时期中国金融体系中的地方治理与银行改革的互动研究．金融研究，(5)：25-37.

巴曙松，刘孝红，牛播坤．2006．金融转型期中国区域资本配置差异及其形成．国际贸易，(11)：49-54.

白光润．1995．地理学的哲学贫困．地理学报，50 (3)：279-287.

本杰明·科恩．2004．货币地理学．代先强译．成都：西南财经大学出版社．

蔡律．2008．中国28座城要建金融中心，13个市争做金融后台．http://www.chinavalue.net/Finance/Article/2008-2-11/98860.html [2011-12-20].

蔡则祥，王家华，杨凤春．2004．中国经济金融化指标体系研究．南京审计学院学报，2：49-54.

陈东，樊杰．2011．区际资本流动与区域发展差距——对中国银行间信贷资本流动的分析．地理学报，66 (6)：723-731.

陈威，唐齐鸣．2003．我国国有商业银行与在华外资银行比较研究．经济师，(10)：210-211.

陈秀山，徐瑛．2004．中国区域差距影响因素的实证研究．中国社会科学，(5)：117-129.

成思危．2006．路线与关键：论中国商业银行的改革．北京：经济科学出版社．

程婧瑶，陈东，樊杰．2007．金融中心和金融中心体系识别方法．经济地理，27 (6)：892-895.

崔光庆，王景武．2006．中国区域金融差异与政府行为：理论与经验解释．金融研究，(12)：79-89.

戴维·哈维．2003．后现代的状况：对文化变迁之缘起的探究．阎嘉译．北京：商务印书馆．

蒂克尔．2005．金融与区位 // 克拉克，费尔德曼，格特勒．牛津经济地理手册．北京：商务印书馆：233-252.

恩斯特·卡西尔．2003．人论．甘阳译．北京：西苑出版社．

樊杰，陈东，吕晨．2009．国际金融危机空间过程和区域响应的初探—兼论新经济地理事像研究的一个新范式．地理研究，28 (6)：1439-1448.

格鲁特尔特，范·贝斯特纳尔．2004．社会资本在发展中的作用．黄载曦，杜卓君，黄治康译．成都：西南财经大学出版社．

龚明华．2004．当代金融发展理论：演进度前沿．国际金融研究，(4)：4-11.

郭金龙，王宏伟．2007．中国区域间资本流动及区域差异研究．管理世界，（7）：45-58．

哈特向．1983．地理学性质的透视．北京：商务印书馆．

韩俊才，何友玉，张振．2006．金融发展与经济增长的关系——基于中国东、中、西六省市实证分析．统计与决策，5月（下）：78-81．

何建明，田银华，张德常．2007．我国信贷配给区域间差异及市场分化模型．经济地理，27（1）：52-55．

贺灿飞，傅蓉．2009．外资银行在中国的区位选择．地理学报，64（6）：701-712．

贺灿飞，刘浩．2013．银行业改革与国有商业银行网点空间布局——以中国工商银行和中国银行为例．地理研究，32（1）：111-122．

贺灿飞，潘峰华．2007．产业地理集中、产业集聚与产业集群：测量与辨识．地理科学进展，126（2）：1-13．

胡庆康．2006．现代货币银行学教程．3版．上海：复旦大学出版社．

黄达．2001．金融、金融学及其学科建设．当代经济科学，23（4）：1-11．

黄解宇，杨再斌．2006．金融集聚论．北京：中国社会科学出版社．

金凤君．2006．空间组织与效率研究的经济地理学意义．世界地理研究，16（4）：55-59．

金凤君．2013．论经济社会空间组织的增益效应．地理研究，32（11）：2163-2169．

金学群．2004．金融发展理论：一个文献综述．国外社会科学，（1）：8-14．

金雪军，田霖．2004b．金融地理学视角下区域金融成长差异的案例研究．河南师范大学学报，31（2）：37-40．

金雪军，田霖．2004a．金融地理学：国外地理学科研究新动向．经济地理，24（6）：721-725．

靳庭良，郭建军．2004．面板数据设定存在的问题及对策研究．数量经济技术经济研究，（10）：131-135．

李广众，陈平．2002．金融中介发展与经济增长：多变量 VAR 系统研究．管理世界，（3）：52-59．

李宏瑾．2006．中央银行、信用货币创造与"存差"——兼对近年中国人民银行货币操作行为的分析．金融研究，（10）：8-22．

李小建，樊新生．2006．欠发达地区经济空间结构及其经济溢出效应的实证研究．地理科学，26（1）：1-6．

李小建，苗长虹．2004．西方经济地理学新进展及其启示，地理学报，59（增刊）：153-161．

李小建，周雄飞，卫春江，等．2006．发展中地区银行业空间组织变化：以河南省为例．地理学报，61（4）：414-424．

李小建．2002．公司地理论．北京：科学出版社．

李小建．2006．金融地理学理论视角及中国金融地理研究．经济地理，26（5）：721-725．

林波．2000．论中国金融制度变迁中的国家模型与效用函数——及以信贷资金管理体制的变迁为例的解释．金融研究，（12）：45-55．

林毅夫，姜烨．2006．发展战略、经济结构与银行业结构：来自中国的经验．管理世界，（1）：29-40．

林彰平，闫小培．2006．转型期广州市金融服务业的空间格局变动．地理学报，61（8）：818-828．

林彰平，闫小培．2007．广州市金融机构微观集聚案例．经济地理，27（1）：84-88．

刘乃全，张学良．2005．中部塌陷的实证研究与理论分析．当代经济管理，27（1）：70-75．

刘洋波．2011．"区域金融中心"之争进入战国时代．http：//www.chinavalue.net/Finance/Blog/2011-5-19/766373.aspx［2011-12-15］．

迈克尔·哈特，安东尼奥·内格里．2003．帝国．杨建国，范一亭译．苏州：江苏人民出版社．

曼纽尔·卡斯特尔斯．2006．流动的空间．王志宏译．国外城市规划，21（5）：69-87．

美国国家研究院地学、环境与资源委员会地球科学与资源局重新发现地理学委员会．2002．重新发现地理学——与科学和社会的新关联．北京：学苑出版社．

潘英丽．2003．论金融中心形成的微观基础．上海财经大学学报．5（1）：50-57．

彭宝玉，覃成林．2007．河南县域经济实力评价及空间差异分析．地域研究与开发，（1）25-29．

彭说龙，苏骏锋．外资银行进入中国市场的动因、影响因素和模式选择研究．金融研究，2007（9）：48-55．

冉光和，李敬，熊德平，等．2006．中国金融发展与经济增长关系的区域差异——基于东部和西部面板数据的检验和分析．中国软科学，（2）：102-110．

任英华，徐玲，游万海．2010．金融集聚影响因素空间计量模型及其应用．数量经济技术经济研究，（5）：104-115．

瑞斯托·劳拉詹南．2001．金融地理学．孟晓晨等译．北京：商务印书馆．

沈军，白钦先．2006．金融结构，金融功能与金融效率——一个基于系统科学的新视角．财贸经济，（1）：23-28．

丝奇雅·沙森．2005．全球城市，纽约、伦敦、东京（2001年新版）．周振华等译．上海：上海社会科学出版社．

宋则行，樊亢．1993．世界经济史（上卷）．北京：经济科学出版社．

孙伟祖．2006．金融产业演进与金融发展——基础理论的建构与延伸．北京：中国金融出版社．

谈儒勇．1999．中国金融发展和经济增长关系的实证研究．经济研究，（10）：53-61．

唐旭．1999a．货币资金流动论上．河南金融管理干部学院学报，（2）：3-11．

唐旭．1999b．货币资金流动论下．河南金融管理干部学院学报，（3）：3-11．

汪浩瀚．2003．从均衡走向演化——经济学范式的演进．财经问题研究，（3）：16-19．

汪民安．2006．空间生产的政治经济学．国外理论动态，（1）：46-52．

王朝阳．2013．金融服务业产业集群研究——兼论中国区域金融中心建设．北京：社会科学文献出版社．

王广谦．1996．经济发展的金融化趋势．经济研究，（9）：32-37．

王柯敬，吕宙，蒋选．1998．推进股份制：中国国有商业银行改革的实现选择．财贸经济，（4）：3-9．

王修华.2007.我国区域金融发展差异的比较,经济地理,27(2):1983-1996.

王永中.2006.金融发展促进经济内生增长机制评述,经济学动态,(6):90-94.

魏后凯.2006.现代区域经济学.北京:经济管理出版社.

吴清.2002.放松金融管制及其对金融业的影响.货币金融评论,(5):1-20.

吴秋璟,胡旭阳.2006.金融发展理论前沿及评述.现代经济探讨,(8):37-40.

伍艳.2006.我国信贷资金区域间非均衡流动分析.经济纵横,(11):21-41.

武魏,刘卫东,刘毅.2005.西方金融地理学研究进展及其启示.地理科学进展,24(4):19-27.

武魏,刘卫东,刘毅.2007.中国地区银行业金融系统的区域差异.地理学报,62(12):1235-1243.

许秋起,刘春梅.2007.转型期中国国有金融制度变迁的逻辑——政府理性介入下的一种演进论解释.社会科学研究,(2):27-33.

许圣道,田霖.2008.我国农村地区金融排斥研究.金融研究,(7):195-206.

杨国中,李木祥.2004.我国信贷资金的非均衡流动与差异性金融政策实施研究.金融研究,(9):119-133.

易纲.2004.中国的货币化进程.北京:商务印书馆.

尹来盛,冯邦彦.2012.金融集聚研究进展与展望.人文地理,27(1):16-21.

约翰·希克斯.1998.经济史理论.厉以平译.北京:商务印书馆.

约翰斯顿.2001.哲学与人文地理学.蔡运龙,江涛译.北京:商务印书馆.

约翰斯顿.2005.人文地理学词典.柴彦威等译.北京:商务印书馆.

约瑟夫·迪万纳.2005.金融服务大变革——重塑价值体系.覃东海,郑英译.北京:中国金融出版社.

曾康霖.1993.信用论,北京:中国金融出版社.

张凤超.2005.金融等别城市及其空间运动规律.东北师大学报(自然科学版),37(1):125-129.

张红星,贾彦东.2006.Panel Data模型设定的新思路——固定效应与随机效应的统一.数量经济技术经济研究,(6):148-154.

张杰.1996a.地方政府的介入与金融体制变异.经济研究,(3):21-26,42.

张杰.1996b.改革中的中国金融组织空间结构分析.当代经济科学,18(5):1-11.

张杰.1997.中国的货币化进程、金融控制及改革困境.经济研究,(7):20-25,78.

张晓峒.2007.计量经济学基础.天津:南开大学出版社.

张旭,潘群.2002.金融发展指标体系及其在实证分析中的应用.山西财经大学学报,24(1):66-69.

赵伟,马瑞永.2007.中国区域金融增长的差异——基于泰尔指数的测度.经济地理,26(1):11-15.

赵晓斌,王坦,张晋熹.2002.信息流和"不对称信息"是金融与服务中心发展的决定因素:中国案例.经济地理,22(4):408-414.

赵岩,赵留彦.2005.投资-储蓄相关性与资本的地区间流动能力检验.经济科学,(5):

25-36.

赵怡 . 2006. 金融与经济发展理论综述 . 经济问题，（2）：56-58.

赵振全，薛丰慧 . 2004. 金融发展对经济增长影响的实证分析 . 金融研究，（8）：94-99.

甄峰 . 2004. 信息时代的区域空间结构 . 北京：商务印书馆 .

支大林 . 2002. 中国区域金融研究 . 东北师范大学博士学位论文 .

中国人民银行河南省分行 . 1991. 河南省金融机构地图 . 郑州：河南人民出版社 .

中国人民银行徐州市中心支行课题组 . 2007. 信贷资金区域流动能力与有效配置的江苏案例 .
　　上海金融，（8）：36-39.

钟红，齐文 . 1995. 国际离岸金融中心的相对衰落及其为我国离岸金融市场建设提供的机遇 .
　　国际金融研究，（8）：44-48.

周波 . 2007. 金融发展和经济增长：来自中国的实证检验 . 财经问题研究（2）：47-53.

周豪 . 2005. 关于货币中性与非中性理论问题的经验总结 . 上海金融，（5）：22-24.

周好文，钟永红 . 2004. 中国金融中介发展与地区经济增长：多变量 VAR 系统分析 . 金融研
　　究，（6）：130-137.

周立，胡鞍钢 . 2002. 中国金融发展的地区差距状况分析（1978-1999）. 清华大学学报（哲学
　　社会科学版），17（2）：60-74.

周立，王子明 . 2002. 中国各地区金融发展与经济增长实证分析：1978—2000. 金融研究，
　　（10）：1-13.

祝文燕 . 2007. 从文化哲学看网络空间演进的虚拟性 . 自然辩证法研究，23（4）：59-63.

祝英丽，刘贯华，李小建 . 2010. 中部地区金融排斥的衡量及原因探析 . 金融理论与实践，
　　（2）：70-74.

兹维·博迪，罗伯特·莫顿 . 2000. 金融学 . 伊志宏等译 . 北京：中国人民大学出版社 .

Agnes P. 2000. The "end of geography" in financial services? Local embeddedness and territoriali-
　　zation in the interest rate swaps industry. Economic Geography，76（4）：347-366.

Agnes P. 2002. Embeddedness in custodial banking. Tijdschrift voor Economische en Sociale
　　Geografie，93（3）：254-269.

Agnew J A. 1987. Place and Politics：The Geographical Mediation of State and Society. Boston：
　　Allen and Unwin.

Aldridge T，Tooke J，Lee R，et al. 2001. Recasting work：The example of local exchange
　　trading systems. Work Employment and Society，15：565-579.

Alessandrini P，Zazzaro A. 1999. A possibilist approach to local financial systems and regional de-
　　velopment：The Italian experience//Martin R. Money and the Space Economy. London：John
　　Wiley & Sons, Inc. ：71-91.

Alessandrini P，Fratianni Mi，Zazzaro A. 200a. The Changing Geography of Banking and Fi-
　　nance. New York：Springer.

Alessandrini P，Presbitero F A，Zazzaro A. 2009b. Banks，distances and firms' financing con-
　　straints. Review of Finance，13（2）：261-307.

Amin A，Thrift N. 1996. Globalization，Institutions and Regional Development in Europe. Oxford: Oxford University Press.

Andy P, Jane P. 2010. Economic geographies of financialization. Economic Geography, 86 (1): 29-51.

Appadurai A. 1996. Modernity at Large: Cultural Dimensions of Globalization. Minneapolis: University of Minnesota Press.

Appleyard L. 2013. The geographies of access to enterprise finance: The case of the West Midlands, UK. Regional Studies, 47 (6): 868-879.

Argent N. 2002. A global model or a scaled-down version? Geographies of convergence and divergence in the Australian retail banking sector. Geoforum, 33 (3): 315-334.

Arthur W B. 1988. Urban systems and historical path dependence // Ausubel, Herman. Cities and their vital Systems. Washington D. C. : National Academy Press: 85-97.

Arthur W B. 1989. Competing technologies, increasing returns, and lock-in by historical events. Economic Journal, 99: 116-131.

Banker W, Jimerson J B. 1992. The sociology of money. American Behavioral Scientist, 35 (6): 678-693.

Beaverstock J V, Doel M A. 2001. Unfolding the spatial architecture of the East Asian financial crisis: The organizational response of global investment banks. Geoforum, 32 (1): 15-32.

Beck T, Demirgüç-Kunt A, Honohan P. 2009. Access to financial services: Measurement, impact, and policies. The World Bank Research Observer, 24 (1): 119-145.

Benner C, Berndt C, Coe N, et al. 2011. Emerging themes in economic geography: Outcomes of the economic geography 2010 workshop. Economic Geography, 87 (2): 111-126.

Berger A N, Udell G F. 2006. A more complete conceptual framework for SME finance. Journal of Banking and Finance, 30 (11): 2945-2966.

Best M. 1990. The New Competition: Institutions of Industrial Restructuring. Cambridge: Polity.

Bieri D S. 2009. Financial stability, the Basel Process and the new geography of regulation. Cambridge Journal of Regions, Economy and Society, (2): 305-333.

Biles J. 2005. Globalization of banking and local access to financial resources: A case study from southeastern Mexico. The Industrial Geographer, 2 (1): 159-173.

Blaut J M. 1961. Space and process. The Professional Geographer, 13 (4): 1-7.

Boddy M J. 1976. The structure of mortgage finance: Building societies and the British social formation. Transactions of the Institute of British Geographers, New Series, 1 (1): 58-71.

Bodenman E J. 2005. The organizational structure & spatial dynamics of investment advisory services: The case of Metropolitan Philadelphia, 1983-2003. The Industrial Geographer, 2 (1): 128-146.

Brevoort K P, Hannan T H. 2004. Commercial lending and distance: evidence from *Community Reinvestment Act* data. Social Science Electronic Publishing, 38 (8): 1991-2012.

Cairncross F. 1997. The Death of Distance: How the Communications Revolution will Change Our

Lives. London：Orion Business Books.

Carlinga K，Lundberg S. 2005. Asymmetric information and distance：An empirical assessment of geographical credit rationing. Journal of Economics and Business，57（1）：39-59.

Castells M. 1996. The rise of the network society//The Information Age：Economy，Society and Culture（Vol.Ⅰ）. Oxford：Blackwell.

Castells M. 1998. End of millennium//The Information Age：Economy，Society and Culture （Vol.Ⅲ）. Oxford：Blackwell.

Castells M. 2000. The Information Age：Economy，Society and Culture（Vol.Ⅰ）. 2nd ed. Oxford：Blackwell.

Chick V，Dow S C. 1988. A post-Keynesian perspective on the relation between banking and regional development // Arestis P. Post-Keynesian Monetary Economics—New Approaches to Financial Modelling. Aldershot：Edward Elgar Publishing：219-250.

Christopherson S，Hovey R. 1996. Fast money：Financial exclusion in the Mexican adjustment model. Environment and Planning A，28：1157-1177.

Clark G L. 1993. Pensions and corporate restructuring in American industry：A crisis of regulation. Baltimore：John Hopkins University Press.

Clark G. 2000. Pension Fund Capitalism. Oxford：Oxford University Press.

Clark G L. 2000. The functional and spatial structure of the investment management industry. Geoforum，31（1）：71-86.

Clark G L. 2002. London in the European financial services industry：Locational advantage and product complementarities. Journal of Economic Geography，2：433-453.

Clark G L. 2003. Pension security in the global economy：Markets and national institutions in the 21st century. Environment and Planning A，35：1339-1356.

Clark G L. 2005. Money flows like mercury：The geography of global finance. Geografiscka Annaler，87B（2）：99-112.

Clark G L，O' Connor K. 1997. The informational content of financial products and the spatial structure of the global finance industry // Cox K R. Spaces of Globalization：Reasserting the Power of the Local. London and New York：Guilford Press：89-114.

Clark G L，Wójcik D. 2005. Path dependence and financial markets：The economic geography of the German model，1997-2003. Environment and Planning A，37：1769-1791.

Clark G L，Wójcik D. 2007. The Geography of Finance—Corporate Governance in the Global Marketplace. London：Oxford University Press.

Cohen J，Maeshiro A. 1997. The significance of money on the state level：Note. Journal of Money，Credit and Banking，(4)：672-678.

Collard S，Kempson E，Whyley C. 2001. Tackling Financial Exclusion：An Area-Based Approach. Bristol：Policy Press.

Connolly C，Georgouras M，Hems L，et al. 2011. Measuring Financial Exclusion in Australia. New South Wales：Centre for Social Impact（CSI），University of New South Wales.

Conzen M P. 1977. The maturing urban system in the United States, 1840-1910. Annals of the Association of American Geographers, 67 (1): 88-108.

Cooperman E S, Lee W B, Lesage J P. 1991. Geographical integration and the retail CD-pricing decisions of large depository institutions. The Review of Econo mics and Statistics, 73: 546-552.

Corbridge S. 1992. Discipline and punish: The new right and the policing of the international debt crisis. Geoforum, 23: 285-301.

Corbridge S. 1993. Debt and Development. Oxford: Blackwell.

Corbridge S, Martin R, Thrift N J. 1994. Money, Power and Space. Oxford: Blackwell.

Crocco M, Santos F, Amaral P V. 2010. The spatial structure of financial development in Brazil. Spatial Economic Analysis, 5 (2): 181-203.

Daly M T. 1984. The revolution in international capital markets: Urban growth and Australian cities. Environment and Planning A, 16: 1003-1020.

Degryse H, Ongena S. 2004. The impact of technology and regulation on the geographical scope of banking. Oxford Review of Economic Policy, 20 (4): 571-590.

Degryse H, Ongena S. 2005. Distance, lending relationships, and competition. Journal of Finance, 60 (1): 231-266.

Devlin J. 2005. A detailed study of financial exclusion in the UK. Journal of Consumer Policy, 28: 75-108.

DeYoung R, Glennon D, Nigro P. 2008. Borrower-lender distance, credit scoring, and loan performance: Evidence from informational-opaque small business borrowers. Journal of Financial Intermediation, 17 (1): 113-143.

Dow S C. 1990. Financial Markets and Regional Economic Development: The Canadian Experience. Aldershot: Avebury.

Dow S C. 1994. European monetary integration and the distribution of credit availability // Corbridge S, Martin R, Thrift N J. Money, Power and Space. Oxford: Blackwell: 149-164.

Dow S C. 1999. The stages of banking development and the spatial evolution of financial systems // Martin R. Money and the Space Economy. London: John Wiley & Sons, Inc.: 31-48.

Dow S C, Earl P E. 1982. Money Matters: A Keynesian Approach to Monetary Economics. Oxford: Martin Robertson.

Dow S C, Rodríguez-Fuentes C J. 1997. Regional finance: A survey. Regional Studies, 31 (9): 903-920.

Dvoák H. 2003. Gross capital flows and asymmetric information. Journal of International Money and Finance, 22 (6): 835-864.

Dymski G, Li W. 2004. Financial globalization and cross-border comovements of money and population: Foreign bank offices in Los Angeles. Environment and Planning A, 36: 213 -240.

European Commission. 2008. Financial Services Provision and Prevention of Financial Exclusion. Brussels: European Commission, Directorate-General for Employment, Social Affairs and Equal Opportunities.

Feldstein M，Charles C. 1980. Domestic saving and international capital flows. Economic Journal，90（358）：314-329.

Friedmann J. 1986. The world city hypothesis，development and change. International of Urban and Regional Research，17：69-83.

FSA（Financial Services Authority）. 2000. In or Out? Financial Exclusion：A Literature and Research Review. London：FSA.

Gerard C，Patrick H. 2001. Finance for Growth：Policy Choices in a Volatile World. New York：Oxford University Press Inc.

Gertler M S. 1984. Regional capital theory. Progress in Human Geography，8：50-81.

Gertler M S. 2001. Best practice? Geography，learning and the institutional limits to strong convergence. Journal of Economic Geography，（1）：5-26.

Gill S，Law D. 1988. The Global Political Economy. Hemel Hempstead：Harvester Wheatsheaf.

Goldsmith R W. 1969. Financial Structure and Development. New Haven：Yale University Press.

Gourinchas P，Rey H，Truempler K. 2012. The financial crisis and the geography of wealth transfers. Journal of International Economics，88：266-283.

Grais W，Kantur Z. 2003. The Changing Financial Landscape：Opportunities and Challenges for the Middle East and North Africa. World Bank Policy Research Working Paper 3050. Washington D. C. ：World Bank.

Graves W. 1998. The geography of mutual fund assets. The Professional Geographer，50（2）：243-255.

Greenwood J，Jovanovic B. 1990. Financial development，growth，and the distribution of income. Journal of Political Economy，98（5）：1076-1107.

Greenwood J，Smith B. 1997. Financial markets in development，and the development of financial markets. Journal of Economic Dynamics and Control，21（1）：145-181.

Grote M H，Lo V，Harrschar-Ehrnborg S. 2002. A value chain approach to financial centres—the case of Frankfurt. Tijdschrift voor Economische en Sociale Geografie，93（4）：412-423.

Hall S. 2010. Geographies of money and finance Ⅰ：Cultural economy，politics and place. Progress in Human Geography，35（2）：234-245.

Hall S. 2011. Geographies of money and finance Ⅱ：Financialization and financial subject. Progress in Human Geography，36（3）：403-411.

Hall S，Appleyard L. 2009. City of London，City of learning? Placing business education within the geographies of finance. Journal of Economic Geography，（9）：597-617.

Hannig A，Jansen S. 2010. Financial Inclusion and Financial Stability：Current Policy Issues. ADBI Working Paper 259. Tokyo：Asian Development Bank Institute.

Harris D G. 1974. Credit rationing at commercial bank：Some empirical evidence. Journal of Money，Creadit and Banking，5：227-240.

Harris S L，Pigott C A. 1997. A changed landscape for financial services. OECD Observer，

（206）：28-31.

Harvey D. 1973. Social Justice and the City. London：Edward Arnold.

Harvey D. 1974. Class monopoly rent, finance capitals and the urban revolution. Regional Studies, (8)：239-255.

Harvey D. 1982. The Limits to Capital. Oxford：Blackwell.

Harvey D. 1989. The condition of postmodernity: An enquiry into the origins of cultural change. Journal of Architectural Education, 21 (4)：915-916.

Held D, McGrew A, Goldblatt D, et al. 1999. Global Transformations: Politics, Economics and Culture. Stanford: Stanford University Press.

Hudson C L. 1999. Off-shores on-shore: New regulatory spaces and real historical palces in the landscape of global money // Martin R. Money and the Space Economy. London: John Wiley & Sons, Inc. : 139-154.

Hutchinson R W, Mckillop D C. 1990. Regional financial sector models: An application to the Northern Ireland financial sector. Regional Studies, 24: 421-431.

Jean L. 1955. Les Capitaux Region. Colin: Paris.

John K, Knyazeva A, Knyazeva D. 2011. Does geography matter? Firm location and corporate payout policy. Journal of Financial Economics, 101 (3): 533-551.

Kempson E, Whyley C. 1999. Kept Out or Opted Out? Understanding and Combating Financial Exclusion. Bristol: The Polity Press.

Kerr D. 1965. Some aspects of the geography of finance in Canada. Canadian Geographer, 9 (4): 175-192.

King R G, Levine R. 1993. Finance and growth: Schumpeter might be right. Quarterly Journal of Economics, 108 (3): 717-737.

Klagge B, Martin R. 2005. Decentralized versus centralized financial systems: Is there a case for local capital markets? Journal of Economic Geography, (5): 387-421.

Lee R, Leyshon A, Aldridge T, et al. 2004. Making histories and geographies? The construction of local circuits of value. Environment and Planning D: Society and Space, 22: 595-617.

Levine R. 1997. Financial development and economic growth: Views and agenda. Journal of Economic Literature, 35 (2): 688-726.

Levine R. 2005. Finance and growth: Theory and evidence. Handbook of Economic Growth, 1: 865-934.

Leyshon A. 1995. Geographies of money and finance Ⅰ. Progress in Human Geography, 19 (4): 531-543.

Leyshon A. 1996. Dissolving distance? Money, disembedding and the creation of global financial space // Daniels P, Lever B. The Global Economy in Transition. Harlow: Longman: 62-80.

Leyshon A. 1997. Geographies of money and finance Ⅱ. Progress in Human Geography, 21 (3): 381-392.

Leyshon A. 1998. Geographies of money and finance Ⅲ. Progress in Human Geography, 22 (3):

433-446.

Leyshon A. 2004. The limits to capital and geographies of money. Antipode, 36 (3): 461-469.

Leyshon A, Thrift N. 1994. Access to financial services and financial withdrawal: Problem and policies. Area, 26 (3): 268-275.

Leyshon A, Thrift N. 1995. Geographies of financial exclusion: Financial abandonment in Britain and the United States. Transactions of the Institute of British Geographers, New Series, 20 (3): 312-341.

Leyshon A, Thrift N. 1997. Money Space: Geographies of Monetary Transformation. London: Routledge.

Leyshon A, Pollard J. 2000. Geographies of industrial convergence: The case of retail banking. Transactions of the Institute of British Geographers, New Series, 25 (2): 203-220.

Leyshon A, French S, Signoretta P. 2008. Financial exclusion and the geography of bank and building society branch closure in Britain. Transactions of the Institute of British Geographers, 33 (4): 447-465.

Li W, Dymski G, Zhou Y, et al. 2002. Chinese-American banking and community development in Los Angeles county. Annals of the Association of American Geographers, 92 (4): 777-796.

Li W, Zhou Y, Dymski G, et al. 2001. Banking on social capital in the era of globalization: Chinese ethnobanks in Los Angeles. Environment and Planning A, 33: 1923-1948.

Lown C S, Osler C L, Strahan P E, et al. 2000. The changing landscape of the financial services industry: What lies ahead? FRB of New York Economic Policy Review, 6 (4): 39-55.

Lucas R E. 1988. On the mechanics of economic development. Journal of Monetary Economics, 22: 3-42.

Martin R. 1999. Money and the Space Economy. London: John Wiley & Sons, Inc.

Martin R, Minns R. 1995. Undermining the financial bases of region: The spatial structure and implications of the UK pension fund system. Regional Studies, 29 (2): 125-144.

Martin R, Berndt C, Klagge B, et al. 2005. Spatial proximity effects and regional equity gaps in the venture capital market: Evidence from Germany and the United Kingdom. Environment and Planning A, 37: 1207-1231.

Massey D. 1995. Spatial Division of Labour: Social Structures and the Geography of Production. 2nd ed. New York: Routledge.

McKinnon R I. 1973. Money and Capital in Economic Development. Washington D. C. : Brookings Institution.

McPherson S H, Waller C. 2000. Do local banks matter for the local economy: In search of a regional credit channel // Hess G D, Wincoop E V. Intra-National Macro-Economics. Cambridge: Cambridge University Press: 295-316.

Miller R J. 1978. The Regional Impact of the Monetary Policy in the United States. Lexington: Lexington Books.

Moore C L, Hill J M. 1982. Interregional arbitrage and the supply of loanable funds. Journal of Regional Science, 22 (4): 499-512.

Moore C L, Karaska G J, Hill J M. 1985. The impact of the banking system on regional analyses. Regional Studies, 19: 499-512.

Myrdal G. 1957. Economic Theory and Underdevelopment Region. London: Gerald Duckworth.

O'Brien R. 1992. Global Financial Integration: The End of Geography. London: Royal Institute of International Affairs.

Özyildirim S, Önder Z. 2008. Banking activities and local output growth: Does distance from centre matter? Regional Studies, 42 (2): 229-244.

Parr J B, Budd L. 2000. Financial service and the urban system: An exploration. Urban Studies, 37 (3): 593-610.

Patrick H T. 1996. Financial development and economic growth in undeveloped countries. Economic Development and Cultural Change, 34 (4): 174-189.

Petersen M, Rajan G R. 2002. Does distance still matter? The information revolution in small business lending. The Journal of Finance, 57 (6): 2533-2570.

Pike A, Pollard J. 2010. Economic geographies of financialization. Economic Geography, 86 (1): 29-51.

Polèse M. 2004. Culture, language, and the location of high-order service functions: The case of Montreal and Toronto. Economic Geography, 80 (4): 329-350.

Poon J P H. 2003. Hierarchical tendencies of capital markets among international financial center. Growth and Change, 34 (2): 135-156.

Porteous D J. 1995. The Geography of Finance: Spatial Dimensions of Intermediary Behaviour. Aldershot: Avebury.

Portes R, Rey H. 2005. The determinants of cross-border equity flows. Journal of International Economics, 65: 269-296.

Pred A. 1984. Place as historically contingent process: Structuration and the time geography of becoming places. Annals of the Association of American Geographers, 74 (2): 279-297.

Pryke M, Lee R. 1995. Place your bets: Towards an understanding of globalization, sociofinancial engineering and competition within a financial centre. Urban Studies, 32: 329-344.

Pryke M. 2007. Geomoney: An option on frost, going long on clouds. Geoforum, 38 (3): 576-588.

Rajan A. 1985. New Technology and Employment in Insurance, Banking, Building Societies: Recent Experience and Future Impact. Aldershot: Gower.

Rajan R, Zingales L. 1998. Financial dependence and growth. American Economic Review, 88 (3): 559-586.

Richardson H W. 1973. Regional Growth Theory. London: Macmillan: 67-142.

Roberts R B, Fishkind H. 1979. The role of monetary forces in regional economic activity: An econometric simulation analysis. Journal of Regional Science, 19 (1): 15-29.

Robinson J. 1952. The generalization of the general theory // Robinson J The Rate of Interest and Other Essays. London：MacMillan：67-142.

Samolyk K A. 1994. Banking conditions and regional economic performance：Evidence of a regional credit channel. Journal of Monetary Economics，34（2）：259-278.

Sassen S. 2001. The Global City：New York, London, Tokyo. 2nd ed. Princeton：Princeton University Press.

Semple R K，Martz D J，Green M B. 1985. Perspectives on corporate headquarters relocation in the United States. Urban Geography，6（4）：370-391.

Sharma P，Reddy M. 2002. Financial Exclusion in Fiji：Market Versus Self-driven Causes. Presented at the Third Biennial Conference of the International Development Studies Network, Massey University.

Shaun F，Leyshon A，Wainwright T. 2011. Financializing space, spacing financialization. Progress in Human Geography，35（6）：798-819.

Shaw E. 1973. Financial Deepening in Economic Development. Oxford：Oxford University Press. 1973.

Shearmur R，Alvergne C A. 2002. Intrametropolitan patterns of high-order business service location：A comparative study of seventeen sectors in Ile-de-France. Urban Studies，39（7）：1143-1163.

Sokol M. 2007. Space of flows, uneven regional development, and the geography of financial services in Ireland. Growth and Change，38（2）：224-259.

Sokol M. 2013. Towards a "newer" economic geography? Injecting finance and financialisation into economic geographies. Cambridge Journal of Regions, Economy and Society，6：501-515.

Stotz O. 2011. The influence of geography on the success of private equity：Investments in listed equity. Applied Financial Economics，21（21）：1605-1615.

Strange S. 1997. The future of global capitalism：Or will divergence persist forever // Crouch C, Streeck W. The Political Economy of Modern Capitalism, Mapping Convergence and Diversity. London：Sage：182-191.

The World Bank. 2008. Finance for All? Policies and Pitfalls in Expanding Access. Washington D. C. ：The World Bank.

The World Bank. 2014. Global Financial Development Report 2014：Financial Inclusion. Washington D. C. ：The World Bank.

Thrift N. 1994. On the social and cultural determinants of international financial centers：The case of the city of London // Corbridge S, Martin R, Thrift N J. Money, Power and Space. Oxford：Blackwell：327-355.

Thrift N，Olds K. 1996. Refiguring the economic in economic geography. Progress in Human Geography，20：327-355.

Thrift N，Leyshon A. 1994. A phantom state? The de-traditionalisation of money, the international financial system and international financial centers. Political geography，13：299-327.

Tickell A. 1999. The geographies of services: New wine in old bottles. Progress in Human Geography, 23 (4): 633-639.

Tickell A, Peck J A. 1992. Accumulation, regulation and the geographies of post-Fordism. Progress in Human Geography, 16: 190-277.

Turner G. 2011. Financial geography and access as determinants of exports. Cambridge Journal of Regions, Economy and Society, (4): 269-286.

Warf B. 1999. The hypermobility of capital and the collapse of the Keynesian state // Martin R. Money and the Space Economy. London: John Wiley & Sons, Inc. : 31-48.

Warf B, Cox J C. 1995. US bank failures and regional economic structure. Professional Geographer, 47: 3-16.

Warf B, Cox J C. 1996. Spatial dimensions of the savings and loan crisis. Growth and Change, 27: 135-155.

Warnock F E, Cleaver C. 2003. Financial centres and the geography of capital flows. International Finance, 6 (1): 27-59.

Wheeler O J. 1986. Corporate spatial links with financial institutions: The role of the metropolitan hierarchy. Annals of the Association of American Geographers, 76 (2): 262-274.

Williams C, Aldridge T, Lee R, et al. 2001. Bridges Into Work? An Evaluation of Local Exchange Trading Schemes. Bristol: Policy Press.

Wrigley N. 1998. European retail giants and the post-LBO reconfiguration of US food retailing. The International Review of Retail, Distribution and Consumer Research, 8 (2): 127-146.

Zelizer V A. 1989. The social meaning of money: Special monies. American Journal of Sociology, 95 (2): 342-377.

Zelizer V A. 1994. The Social Meaning of Money: Pin Money, Paychecks, Poor Relief, and other Currencies. New York: Basic Books.

Zhou B. 2005. Is the geography of banking services converging toward markets? The case of Illinois. The Industrial Geographer, 2 (2): 174-192.